Spirituelle Kostbarkeiten

TAOISMUS

Spirituelle Kostbarkeiten

TAOISMUS

Zusammengestellt und herausgegeben von

Julian F. Pas

Bauer

Verlag Hermann Bauer
Freiburg im Breisgau

Die Deutsche Bibliothek – CIP-Einheitsaufnahme

Ein Titeldatensatz für diese Publikation ist bei
Der Deutschen Bibliothek erhältlich.

Die englische Originalausgabe erschien 2000 bei
Oneworld Publications, 185 Banbury Road,
Oxford OX2 7AR, England,
unter dem Titel *The Wisdom of the Tao*

Vermittelt durch die Literarische Agentur Diana Voigt,
1010 Wien, Österreich

Aus dem Englischen von Maria Müller
Lektorat: Ute Orth

1. Auflage 2001
ISBN 3-7626-0841-5

Umschlag: Ralph Höllrigl, Freiburg i. Br.
Satz: CSF · ComputerSatz GmbH, Freiburg i. Br.
Druck und Bindung: Druckerei Uhl, Radolfzell
Printed in Germany

Inhalt

Alle Fotos in diesem Buch wurden
vom Herausgeber aufgenommen.

Vorwort

Der Taoismus ist eine der großen kulturellen Traditionen der Welt. Seine Wurzeln reichen bis ins China des Altertums zurück. Eine der taoistischen Strömungen ist die philosophisch-mystische Ausrichtung; deren wichtigste Texte das *Tao Te King* und das *Zhuangzi* aus dem 4. und 3. Jahrhundert v. Chr. sind. Daneben gibt es eine rein religiöse Ausrichtung, die lediglich aus Priesterschaft und Schriften besteht, was im 2. Jahrhundert v. Chr. entstanden ist und auch heute noch in China praktiziert wird.

Diese beiden Strömungen haben zwar unterschiedliche Wurzeln, wurden aber später zusammengeführt und stellen für viele praktizierende Taoisten eine Einheit dar.

Die vorliegende Sammlung enthält Texte aus beiden Strömungen, wobei die mystischen Aspekte der taoistischen Tradition, die für uns Menschen im Westen vertraut klingen, im Mittelpunkt stehen. Der Taoismus enthält in der Tat universale Aspekte, er bringt eine Fülle an Ideen und Praktiken an den Tag – wie ein fernöstlicher Steingarten, in dem Bäume, Blumen, Steine und Bäche ein starkes Gefühl des Geheimnisvollen und des Einsseins mit der Natur erwecken. Auch die in diesem Buch zusammengetragenen Texte vermitteln ein ähnliches Gefühl: Wie ein fernöstlicher Garten führen sie uns das Einssein von Natur und Mensch vor Augen, das Zusammenkommen der natürlichen Welt mit dem

menschlichen Streben oder – um einen gebräuchlicheren Ausdruck zu verwenden – die Einheit von Natur und menschlicher Zivilisation.

Diese Texte erwecken nicht das Gefühl der religiösen Verehrung. Spätere taoistische Schriften der religiösen Strömung spiegeln zwar ein streng religiöses Weltbild wider, doch die frühen philosophischen Texte sind anders: Sie muten eher humanistisch an, obwohl sie von einem Hauch von Transzendenz erfüllt sind, doch der Transzendenz des Tao und nicht einer Gottheit – als einer Art höchster, alles umfassender Wirklichkeit.

Die Lektüre taoistischer Weisheitslehren ist wie ein Spaziergang durch unseren geheimnisvollen Steingarten. Die Vielzahl an Ideen, auf die man stößt, ähnelt der unendlichen Vielfalt an Blumen und Pflanzen, die um die Steine und Teiche herum blühen. Beides – der Garten wie die Weisheit des Tao – erweckt in uns ein Gefühl des Geheimnisvollen und des Einsseins mit einer transzendenten Realität.

Die meisten der Texte sind uralt und entstammen einem kulturellen Erbe, das sich von unserem eigenen stark unterscheidet. So ist es umso überraschender, dass es darin um Themen und Gedanken geht, die uns heute, im Westen des 21. Jahrhunderts, sehr vertraut sind. Es empfiehlt sich, die Texte mehrmals zu lesen und so immer wieder neue Aspekte zu entdecken. Das erweitert unseren spirituellen Horizont. In Weisheit zu wachsen ist ein Prozess stetiger und kontinuierlicher Transformation.

An dieser Stelle möchte ich einigen Menschen meinen Dank aussprechen, die mir beim Zusammenstellen dieses kleinen Bändchens geholfen haben: Meine Frau Yü-lin hat mich in diesem Projekt sehr unterstützt und hat mir insbesondere beim Übersetzen einiger chinesischer Texte geholfen. Meine Tochter Sonya übernahm das Korrekturlesen und die Überarbeitung des gesamten Textes. Mein Freund und Kollege Scott Dunbar hat mir dabei geholfen, Teile des ersten Entwurfs durchzusehen. Sonya und Audry Swan haben das ganze Manuskript in den Computer eingegeben. Auch Paul Crowe bin ich sehr zu Dank verpflichtet. Er überließ mir die chinesischen Schriftzeichen, mit denen die Texte bebildert sind. Zu guter Letzt möchte ich noch meinem Verleger danken, der die Veröffentlichung dieses Buches stets gefördert und unterstützt hat.

im Januar 2000

* * *

Noch eine praktische Anmerkung zu dem Begriff »Taoismus«: Etymologisch dürfte es sich um den chinesischen Ausdruck (bzw. das »Schriftzeichen«) *Tao* handeln, ergänzt um die Endung »*-ismus*«. Tao bedeutet hier so viel wie »der Weg«, was im Folgenden noch näher erklärt wird. Es bedeutet aber auch »Straße« oder »Pfad«, womit auch eine ganz gewöhnliche Straße gemeint ist. Im Taoismus allerdings wurde Tao zu einem Lebens-»Weg«, zu der chinesischen Vision der Wirklichkeit. Der Taoismus stellt zusammen mit dem Konfuzianismus und dem (chinesischen) Buddhismus die drei »Lehren« Chinas dar: drei ideelle Ausrichtungen, die auch über eine religiöse Dimension verfügen (vor allem der Taoismus und der Buddhismus).

So viel vorab. Dies sollte genügen, damit wir uns auf den »Weg« machen können. Ich wünsche allen Lesern eine glückliche Reise durch den geheimnisvollen Garten taoistischer Weisheiten.

Eine Anmerkung zur Transkription

Das Chinesische ist eine nicht-alphabetische Sprache. Damit auch der westliche Leser die chinesischen Schriftzeichen verstehen kann, wurden Transkriptionssysteme entwickelt, um die chinesischen Zeichen alphabetisch wiedergeben zu können.

Die zur Zeit gebräuchlichsten Systeme für die Umschrift des Chinesischen sind das Wade-Giles-System (nach ihren Verfassern benannt) und das *Pinyin*-System, welches unlängst auch in der Volksrepublik China offiziell eingeführt wurde. Das Wade-Giles-System wird nach wie vor von vielen Akademikern verwendet. In der Nachrichtenberichterstattung und auch zunehmend in akademischen Veröffentlichungen hat sich inzwischen das *Pinyin*-System durchgesetzt.

In diesem Bändchen wird das *Pinyin*-System verwendet: Es ist praktischer und auch durchgängiger zu handhaben. Selbst in den Zitaten von Veröffentlichungen habe ich – für mehr Klarheit und Konsistenz – die Umschrift von Wade-Giles entsprechend angepasst. Einzige Ausnahmen bilden die Wörter »Tao«, »Taoismus« und »Taoist« (in der neuen Schreibweise würden sie »Dao«, »Daoismus« und »Daoist« geschrieben), da diese Wörter bereits in die englische bzw. deutsche Sprache übernommen worden sind, bevor es die Volksrepublik China überhaupt gab. Ich ziehe die alte deutsche Schreibweise einer »romanisierten« chinesischen vor.

Die Schriften des Taoismus

Der Taoismus ist im Westen noch nicht lange bekannt, und deshalb halte ich es für wichtig, kurz auf die grundlegenden Schriften einzugehen, auf denen diese Tradition beruht.

Die zwei bereits erwähnten Strömungen verfügen jeweils über eigene Schriften: Die Hauptwerke der philosophisch-mystischen Richtung sind das *Guanzi*, das *Tao Te King*, das *Zhuangzi*, das *Liezi* und das *Huainanzi*. Alle Schriften der religiösen Ausrichtung sind im Taoistischen Kanon zu finden (unter anderem auch die Schriften des ursprünglichen religiösen Taoismus). Diese Sammlung umfasst über 1480 Texte, die im Laufe der Jahre 1444–1445, während der Ming-Dynastie, zusammengetragen wurden.

Eine Vielzahl an Texten entstand im Laufe vieler Jahrhunderte in unterschiedlichen Schulen des Taoismus. Diese Vielfalt spiegelt die zahlreichen Interessen und Methoden praktizierender Taoisten wider. In manchen Schriften geht es um Meditation und spirituelle Entwicklung, wiederum andere sind Handbücher der taoistischen Liturgie. Wieder andere befassen sich vor allem mit ethischen Belangen oder sind rein geschichtliche Aufzeichnungen. Zusammengenommen stellen sie eine wichtige Sammlung von Schriften dar, nicht nur in Bezug auf die Geschichte und Praxis des Taoismus, sondern auch für unser Gesamtverständnis der chinesischen Kultur und Literatur.

Da in dem vorliegenden Bändchen sehr viel aus der philosophisch-mystischen Tradition zitiert wird, sollen diese Texte hier kurz beschrieben werden. Die Zitate aus den religiösen taoistischen Schriften des Taoistischen Kanons sind nicht so zahlreich. Jeder zitierte Text soll kurz vorgestellt werden.

Das Tao te King

Dieser Text, auch als *Laozi* bekannt, wurde wahrscheinlich von verschiedenen »alten Weisen« um 300 bis 250 v. Chr. geschrieben. Er richtet sich an die Landesherrscher mit der Bitte, dass diese nicht nur kompetente Verwalter sein, sondern sich auch der Kontemplation des Tao und der spirituellen Entwicklung widmen sollten. Nur ein Herrscher, der sowohl politischen Weitblick als auch tiefe Einsicht in die Natur und das Wirken des Tao hat, kann sein Volk zu Wohlergehen und Zufriedenheit führen. Der beste Führer von Menschen ist also jemand, der so wenig wie möglich in das tägliche Leben des Volkes eingreift. Diese Idee wird im Grundgedanken des *Wuwei* (wörtlich übersetzt »Nicht-Tun«) zum Ausdruck gebracht, was als die Quintessenz des taoistischen Herrschertums angesehen werden kann.

Dieser kurze Text (von 5000 chinesischen Schriftzeichen) ist innerhalb und außerhalb von China sehr beliebt. Im Westen gibt es über 250 Übersetzungen. Und damit ist noch nicht alles über die Liebesbeziehung zum *Tao Te King* gesagt: Immer wieder werden neue Übersetzungen veröffentlicht.

In den 70er Jahren wurden in einem alten Grab in der chinesischen Provinz Hunan zwei neue Versionen des *Tao Te King* gefunden, die so genannten »Seidenmanuskripte« (von Mawangdui, aus einem Ort in der Nähe von Changsha). Sie lassen sich etwa auf das Jahr 200 n. Chr. zurückdatieren und sind damit mindestens 400 Jahre jünger als die bereits bekannten überlieferten Texte. Doch trotz der 400 Jahre, die dazwischenliegen, weisen die Seidenmanuskripte große Ähnlichkeiten mit den älteren Texten auf. Der Hauptunterschied besteht darin, dass die beiden Teile des dünnen Büchleins umgekehrt angeordnet sind: Sie handeln nicht von *Tao* und *Te*, sondern erzählen von *Te* und *Tao*.

Auch heute noch ist das *Tao Te King* eine Quelle der Inspiration für all diejenigen, die nach spiritueller Vollendung streben, ohne sich an religiöse Dogmen zu binden – ein Manifest humanistisch geprägter spiritueller Kultur und schlichtweg eine Bereicherung.

Das Guanzi

Das *Guanzi*, eine umfangreiche synkretistische Textsammlung, die bis in das 4. Jahrhundert v. Chr. zurückreicht, enthält zwei taoistisch orientierte Aufsätze mit dem Titel *Neiye* (»Inneres Üben«) und *Xinshu* (»Techniken für den Geist«). Es geht dabei um die innere Transformation, die zu mystischem Einssein und Verständnis führt. Das *Guanzi* ist wenig bekannt, dennoch aber ein wichtiges Zeugnis der Anfänge des taoistischen Weltbilds.

Das Zhuangzi

Das *Zhuangzi* besteht aus 33 Kapiteln – sieben davon, die so genannten »Inneren Kapitel«, stammen angeblich von einem Denker namens Zhuang Zhou bzw. Zhuangzi oder Dschuang Dsi/Tschuang-tse (Meister Zhuang) aus dem 4. Jahrhundert v. Chr. Die späteren »Äußeren Kapitel« und »Gemischten Kapitel« stammen aus verschiedenen Perioden vom 3. bis 2. Jahrhundert v. Chr. Erwartungsgemäß sind in den Texten – durch die vielen verschiedenen Autoren – unterschiedliche Tendenzen zu erkennen, die nicht immer mit der ursprünglichen Botschaft der Inneren Kapitel im Einklang stehen.

Das *Zhuangzi* ist ein sehr bedeutendes literarisches und philosophisches Dokument, voller faszinierender Anekdoten und Analogien. Intuitiv lässt sich daraus Zhuangzis Persönlichkeit als die eines großen Weisen erkennen, der mit Ironie und Humor auf die Welt der Menschen blickt. Die Inneren Kapitel sind Ausdruck seiner Transzendenzerfahrung: Sein ultimativer Wunsch und sein Ziel ist die mystische Flucht über die Grenzen der Mittelmäßigkeit der gesellschaftlichen Welt hinaus.

Das Liezi

Diese kleine Sammlung von Aufsätzen wird einer Person namens Liezi (Meister Lie) zugeschrieben, der oft als Weiser in taoistischen Texten auftaucht, dessen geschichtliche Existenz allerdings nach wie vor nicht zweifelsfrei belegt ist. Doch die Texte existieren und lassen sich auf etwa 300 v. Chr. zurückdatieren, wenngleich viele Teile, wie zum Beispiel mehrere Geschichten, die auch im *Zhuangzi* auftauchen, sicherlich älter sind.

Vom Stil her ähnelt das *Liezi* dem *Zhuangzi*: Es enthält viele Anekdoten, Diskussionen und Dialoge, die an sein Vorbild erinnern. In ihnen tun sich uns einige wichtige Ansichten des Autors kund. Wie A. C. Graham feststellte, zeigen sie, dass der Taoismus des *Liezi* »sich mit der naturwissenschaftlichen Weltsicht [unserer modernen Zeit] beispielsweise in folgenden Punkten deckt: ... wie klein der Mensch in einem riesigen Universum ist; ... wie vergänglich das Leben ist, wie unmöglich es ist zu wissen, was nach dem Tod kommt, ...« (siehe A. C. Graham, S. 12–13).

Das Huainanzi

Diese Sammlung umfasst 21 Aufsätze und wurde im 2. Jahrhundert v. Chr. (etwa 139 v. Chr.) von Liu An, dem Prinzen von Huainan, herausgegeben. Er strebte nach dem Kaiserthron, was sich jedoch als vergeblich herausstellte, und so konzentrierte er seine ganze Energie auf das Studium des zeitgenössischen Wissens. An seinem Hof versammelte er eine große Anzahl von Gelehrten, deren weiterführende Studien und Schriften er unterstützte und förderte. Das *Huainanzi* ist eine Aufsatzsammlung und das Produkt der gemeinsamen Bemühungen dieser Hofgelehrten. Mehrere von ihnen, wenngleich nicht alle, waren vom Taoismus inspiriert.

Heutzutage ist das *Huainanzi* zu einem Lieblingsthema der Sinologen geworden, denn es ist eine wahre Fundgrube an Informationen über das intellektuelle Klima in der Han-Periode und auch der ihr vorangehenden Periode.

Das Geheimnis des Tao und seine Kraft

Tao: Die letzte Wirklichkeit jenseits aller Worte

Das Wort Tao (der Weg) ist nur ein Begriff, der etwas benennt, dessen Essenz unbeschreibbar ist und für das sich keine Worte finden lassen. Das Tao wohnt allem inne, kann aber dennoch nicht erfasst und verstanden werden.

Der Weg, der in Worten ausgedrückt werden kann, ist nicht der ewige Weg.
Die Namen, mit denen er benannt wird, sind keine ewigen Namen.

Tao Te King 1

Den Weg kann man sich nicht als etwas vorstellen, was ist, aber auch nicht als etwas, was nicht ist. Wir nennen es den Weg, übernehmen damit aber nur einen scheinbar passenden, uns bekannten Begriff ...

Die Vollkommenheit des Weges und der Dinge – weder Worte noch Schweigen reichen aus, um sie zu beschreiben. Nicht zu reden und nicht zu schweigen – das ist die höchste Form des Diskutierens.

Zhuangzi 25; siehe B. Watson

Der Weg hat seine eigene Wirklichkeit und seine eigenen Zeichen, beinhaltet jedoch weder Handeln noch Form. Man kann ihn weitergeben, aber nicht empfangen; man kann ihn finden, jedoch nicht sehen. Er ist sich selbst die Quelle, hat seine eigenen Wurzeln. Bevor Himmel und Erde existierten, gab es ihn bereits schon seit uralten Zeiten. Er verlieh den Geistern und dem *Di* [der Ahnen] Geist. Er gebar Himmel und Erde. Der Weg führt über den höchsten Punkt hinaus, und dennoch kann man ihn nicht als hochragend bezeichnen; er führt weiter hinab als die sechs Richtungen reichen, und dennoch kann man ihn nicht als tiefgehend bezeichnen. Der Weg ward geboren vor Himmel und Erde, und dennoch kann man nicht sagen, es gäbe ihn schon lange; er ist älter als die ältesten Zeiten, aber dennoch ist er nicht alt.

Zhuangzi 6: »The Great and Venerable Teacher«;
siehe B. Watson, S. 81

MAN STARRT ES an und sieht es trotzdem nicht:
 Es ist ›farblos‹.
Man lauscht ihm und doch hört man es nicht:
 Es ist ›lautlos‹.
Man erfasst es, und kann es doch nicht festhalten:
 Denn es ist ›formlos‹.
Diese Drei können nicht tiefer ergründet werden,
 denn sie fließen zusammen und werden eins.

Tao Te King 14

DAS TAO IST namenlose Ganzheit.

Tao Te King 32

TAO: DAS SCHÖPFERISCHE

Das Tao ist die unpersönliche transzendente Realität, aus der alles hervorgeht – ein Prozess ständiger Schöpferkraft und Transformation, eins mit der Kosmischen Realität und in seinem Kern doch erhabener.

AUS DEM TAO entstand das Eine.
Aus dem Einen entstand Zwei.
Aus Zwei entstand Drei.
Aus Drei entstand Alles.
Alles trägt auf dem Rücken das Yin und hält in den Armen das Yang.
Wenn ihre Energien aufeinandertreffen, entsteht Harmonie.

Tao Te King 42

WIE KRAFTVOLL FLIESST das Tao,
Schlängelt sich nach links und rechts!
Alles Leben verdankt seine Existenz dem Tao
Und es weist nichts zurück.
Es erfüllt seine Aufgabe, doch es verherrlicht sich nicht selbst darin.

Tao Te King 34

AUS DEM CHAOS wurde etwas geformt,
Was vor Himmel und Erde da war.
Wie einsam! Wie still!
Es existiert aus sich selbst heraus und verändert sich in seinem Inneren nicht.
Es verbreitet sich überall und führt doch zu keiner Gefahr.
Es kann als die Mutter des unteren Himmels angesehen werden.
Ich weiß seinen Namen nicht: Ich nenne es ›Tao‹.

Tao Te King 25

DIESES DING, DAS Tao, ist eigentlich ungreifbar, ist flüchtig.
Wie ungreifbar! Wie flüchtig! Doch in ihm sind ›Formen‹.
Wie ungreifbar! Wie flüchtig! Doch in ihm sind ›Dinge‹.
Wie dunkel! Wie geheimnisvoll! Doch in ihm ist ›der Lebenssame‹.
Dieser Samen ist wirklich, in ihm ist ›Vertrauen‹.

Tao Te King 21

Das Tao bringt sie hervor [die Myriaden an Lebewesen],
Seine Kraft erhält sie am Leben.
Die Materie verleiht ihnen Form.
Die Umstände bringen sie zur Vollendung.
Darum verehrt alles Leben das Tao und schätzt seine Kraft.
Kein Befehl ist notwendig, um das Tao zu verehren und seine
Kraft zu schätzen: Es geschieht ganz von allein.
Das Tao bringt sie hervor,
Lässt sie wachsen,
Versorgt sie mit Nahrung,
Gewährt ihnen Zuflucht und Ordnung,
Nährt sie und beschützt sie.
Das Tao erzeugt Leben, ergreift aber nicht Besitz.
Es handelt, aber trachtet nach nichts.
Es führt, aber beherrscht nicht.
Darin besteht seine geheimnisvolle Kraft.

Tao Te King 51

DUNKEL UND VERBORGEN, scheint [der Weg] nicht zu existieren, und dennoch ist er da; üppig und grenzenlos, besitzt er keine Form, sondern nur Geist; er ist der Hüter der zehntausend Dinge, wenngleich diese dies auch nicht verstehen – das ist der Ursprung, die Wurzel.

Zhuangzi 22: »Knowledge Wandered North«;
siehe B. Watson, S. 237

So funktioniert das Tao

Das Tao funktioniert auf eine paradoxe Art: Scheinbar tut es nichts, und doch wird alles vollendet. Alles geschieht ohne Mühe, ohne Kraft. Ständig wiederholt es sein Tun, in scheinbar nicht-enden wollenden Kreisen.

Obwohl hell und strahlend, erscheint es doch dunkel; obwohl dem Anschein nach kraftlos, ist es doch stark und unwiderstehlich.

Nur ein weiser Herrscher, der dem Tao nacheifert, kann allen Lebewesen Gutes tun.

Das Tao ist groß ... es ist sein eigenes Vorbild.

Tao Te King 25

Das Tao ›tut‹ nie etwas, und doch gibt es nichts, was es nicht tut.

Tao Te King 37

Umkehrung (Wiederholung) ist die Bewegung des Tao.
Schwäche ist sein Mittel.

Tao Te King 40

Das strahlende Tao ist wie die Dunkelheit.
Das voraneilende Tao ist wie ein Rückwärtsgehen.
Das glatte Tao ist wie etwas Raues.

Tao Te King 41

Das Tao ist leer, doch es gibt nichts, was es in seinem Tun nicht füllt.

Tao Te King 4

Was zum Tao in Widerspruch steht, vergeht bald.

Tao Te King 30;55

Wenn das Tao ›spricht‹,
Wie fade ist das! Es hat keinen Geschmack.
Schau es an: Es ist nicht wert gesehen zu werden.
Lausche ihm: Es ist nicht wert gehört zu werden.
Doch nutze es: Und es ist unerschöpflich.

Tao Te King 35

DAS TAO IST der Bewahrer allen Seins, für die Guten ein Schatz, und [selbst] für die Schlechten ein Schutz.

Tao Te King 62

WER KANN SO viel Überfluss haben, dass er ihn teilen kann mit jedermann im Lande?
Nur derjenige, der das Tao hat.

Tao Te King 77

Die Symbole des Tao

Da wir die Essenz des Tao mit rationaler Sprache und rationalem Denken nicht ›begreifen‹ können, helfen uns Symbole dabei, sein Geheimnis intuitiv zu erfassen. Diese phantasievollen Symbole regen unsere intuitive Vorstellungskraft an. Im Tao Te King *werden vor allem die Symbole des Wassers, des Weiblichen, des Tales, des kleinen Kindes und des unbehauenen Holzes verwendet.*

Wasser ist lebensnotwendig für alles Lebendige und begehrt doch keine Anerkennung. Wasser ist demütig. In seiner Schwäche ist es stark. Wasser ist auch ein Symbol für die Ruhe des Geistes.

Die höchste Güte ist wie Wasser.
In seiner Güte ist Wasser für alle Wesen wohltuend und will sich doch nicht messen.
Es fließt hinab zu Orten, die von allen verachtet werden.
Deshalb ist es dem Tao nahe.

Tao Te King 8

Nichts unter dem Himmel ist weicher und nachgiebiger
als das Wasser.
Und doch gibt es nichts, was besser das Harte und Starre
bezwingen kann.

Tao Te King 78

Der Mensch erblickt sein Spiegelbild nicht in fließendem Gewässer, im ruhigem Gewässer erblickt er es.
Nur was ruhig ist, kann die Ruhe aller Dinge beruhigen.

Zhuangzi 5; siehe B. Watson

Das Weibliche, auch ›die Mutter‹ genannt, ist ein zweifaches Symbol des Tao. Zum einen sehen die Verfasser taoistischer Texte Frauen als demütig an, als bescheiden und schwach; doch mit seiner Schwäche bezwingt das Weib die Kraft des Mannes. Zum anderen gebiert die Mutter – wie das Tao – neues Leben, das sie mit mütterlicher Fürsorge umhegt und beschützt.

Das Namenlose [Tao] ist der Anfang von Himmel und
Erde.
Das Namentragende [Tao] ist die Mutter allen Seins.

Tao Te King 1

DIE WELT HAT einen Anfang, die Mutter der Welt.
Wer die Mutter kennt, der kennt durch sie auch ihre Kinder.
Wer ihre Kinder kennt, zur Mutter zurückkehrt und an ihr festhält, der hat sein Leben lang keine Gefahren zu befürchten.

Tao Te King 52

EIN GROSSER STAAT ist wie der Unterlauf eines Flusses, der Punkt, an dem alle Ströme unter dem Himmel zusammenfließen,
Das Weibliche unter dem Himmel.
Ewig bezwingt das Weibliche das Männliche durch Ruhe.
In der Ruhe ist sie unter [dem Männlichen].

Tao Te King 61

Das Tal hat eine ähnliche Symbolik wie das Weibliche: Es lässt an Demut denken (denn es liegt unterhalb von Hügeln und Bergen), aber auch an Fruchtbarkeit: Das Wasser fließt in das Tal und es wird zum Ursprung neuen Lebens.

Unsterblich ist der Geist des Tales:
  Er wird das »geheimnisvolle Weibliche« genannt.
Das Eingangstor zum geheimnisvollen Weiblichen
  wird die »Wurzel von Himmel und Erde« geheißen.

Tao Te King 6

Wer den Ruhm kennt, aber am Ruhmlosen festhält,
  ist wie ein Tal im Lande.
Wer das Tal im Lande ist,
  hat Macht und Kraft im Überfluss.
  Er kehrt zur Ganzheit zurück (*Pu*).

Tao Te King 28

Ein weiteres Symbol des Tao ist das kleine Kind. Es ist schwach und völlig abhängig von seiner Mutter, um überleben und heranwachsen zu können. Im neu geborenen Kind ist die Lebensenergie. Qi *oder* Chi, *mit der alle Lebewesen auf die Welt kommen, noch vollständig und unversehrt. Es hat die Fülle des Tao. Das Kind ist sich seiner selbst nicht bewusst, ist unschuldig und nicht berechnend; deshalb ist es keine Bedrohung für wilde Tiere, und diese werden ihm kein Leid zufügen.*

WER KRAFT IM Überfluss besitzt (*De*),
ist wie ein neugeborenes Kind.
Es wird nicht von giftigen Insekten und giftigen Schlangen gebissen.
Wilde Tiere werden es nicht an sich reißen.
Raubvögel greifen es nicht an.
Seine Knochen sind weich, seine Sehnen geschmeidig.
Doch fest ist sein Griff.
Noch kennt es die sexuelle Vereinigung nicht, doch sein Geschlecht ist erigiert:
Das ist der Gipfel seines Wesens.

Tao Te King 55

Unbehauenes Holz (Pu), *auf das im* Tao Te King *fast unbemerkt immer wieder Bezug genommen wird, meint Holz, das noch nicht zu Objekten verarbeitet worden ist (Werkzeug, Möbel etc.). In seinem ursprünglichen Zustand kosmischer Ganzheit ist es ein Symbol des Tao als etwas Unberührtes, Unbeflecktes, Ungeteiltes.*

DAS TAO IST namenlose Ganzheit *(Pu)* ...
Wenn man es teilt, entstehen Namen.

Tao Te King 32

DIE GROSSEN WEISEN des Altertums
Waren feingeistig und voll tiefer Einsicht,
Unbegreiflich tief ...
Achtsam wie beim Überqueren eines Flusses im Winter.
Furchtsam wie ein Wesen in Gefahr, die von allen Seiten droht.
Formbar wie schmelzendes Eis.
Unbestreitbar wie unbearbeitetes Holz.

Tao Te King 15

DIESEN EINEN RAT gebe ich den Menschen:
Seid authentisch, haltet fest an der Ganzheit (*Pu*).
Zügelt die Selbstsucht, verringert Begierden.

Tao Te King 19

德

Die Kraft des Tao

Die Kraft des Tao, De *(auch* Te*), ist ein schwer fassbarer Begriff. Oft wird* De *auch als ›Tugend‹ übersetzt, was aber leicht einen falschen Eindruck erweckt.* De *meint die allen Wesen innewohnende Natur, wie sie ihnen vom Tao eingegeben wurde.* De *ist ihr natürliches mitgegebenes Potenzial, in Übereinstimmung mit ihrer persönlichen Veranlagung zu handeln.*

Bei einem Herrscher ist De *auch das Charisma oder die magische Kraft, die sein inneres Selbst ausstrahlt, durch Stille und Kontemplation verfeinert. Dazu gehören auch tief gehendes Wissen, Weisheit und moralische Tugenden wie Güte, Genügsamkeit, Ehrlichkeit und Integrität. Ein guter Führer, der über* Te/De *verfügt, sorgt für sein Volk, ohne selbst etwas zu verlangen: Er handelt, wie das Tao, ›ohne zu handeln‹.*

Erzeugen und nähren,
Erzeugen, ohne Besitz zu ergreifen.
Handeln, ohne nach etwas zu trachten.
Führen, ohne zu beherrschen.
Das ist die ›geheimnisvolle Kraft‹.

Tao Te King 10

GROSSE MACHT OFFENBART sich
  allein durch das Tao.

Tao Te King 21

WER AUCH IMMER wie eine Schlucht im Lande ist,
  verliert nicht seine beständige Kraft
  und wird wieder zum Kind.

Tao Te King 28

HÖCHSTE KRAFT IST nicht Macht,
  deshalb ist sie voller Kraft.
Geringere Kraft gibt die Macht nicht auf,
  deshalb hat sie keine Kraft.
Höchste Kraft handelt nicht,
  und hat keinen Grund zu handeln.
Geringere Kraft handelt,
  und hat einen Grund zu handeln.

Tao Te King 38

HÖCHSTE KRAFT IST wie ein Tal ...
Übermäßige Kraft scheint nicht zu genügen.
Geballte Kraft erscheint erschöpft.

Tao Te King 41

ENTWICKLE DAS TAO in dir selbst:
  Und deine Kraft wird authentisch sein.
Entwickle das Tao in deiner Familie:
  Und ihre Kraft wird voll der Fülle sein.
Entwickle das Tao in deiner Gemeinde:
  Und ihre Kraft wird von Dauer sein.
Entwickle das Tao im ganzen Land:
  Und seine Kraft wird im Überfluss vorhanden sein.
Entwickle das Tao in der ganzen Welt:
  Und ihre Kraft wird alles durchdringen.

Tao Te King 54

Wer Kraft im Überfluss besitzt,
ist wie ein neu geborenes Kind.

Tao Te King 55

Immer zu wissen, was richtig und passend ist:
Das ist geheimnisvolle Kraft.
Geheimnisvolle Kraft reicht tief und weit.

Tao Te King 65

命

Das Tao ist überall

Das Tao ist eine allgegenwärtige Realität. Da es alles Sein hervorbringt, ist Alles Teil seiner Natur. Hoch und tief, das Tao ist in Allem.

Meister Dongguo fragte Zhuangzi: »Das, was der Weg genannt wird – wo ist es denn?«
Zhuangzi antwortete: »Es gibt keinen Ort, an dem es nicht existiert.«
»Komm schon«, sagte Meister Dongguo, »du musst dich ein bisschen genauer ausdrücken!«
»Es ist in der Ameise.«
»In einem so geringen Wesen?«
»Es ist im Unkraut.«
»Das ist noch viel geringer!«
»Es ist in den Kacheln und Scherben.«
»Wie kann es etwas so Geringes sein?«
»Es ist in der Pisse und in der Scheiße.«
Darauf antwortete Meister Dongguo nichts.

Zhuangzi 22: »Knowledge Wandered North«;
siehe B. Watson, S. 240–241

Kann man das Tao besitzen?

Shun fragte Cheng: »Kann man das Tao besitzen?«

»Du besitzt nicht einmal deinen eigenen Körper – wie könntest du da vom Tao Besitz ergreifen?«

»Wenn ich meinen Körper nicht besitze, wer dann?«, fragte Shun.

»Dein Körper ist eine Form, die dir Himmel und Erde vorübergehend zur Verfügung gestellt haben. Du bist nicht im Besitz des Lebens – es ist eine Harmonie, die dir Himmel und Erde geliehen haben. Du bist nicht im Besitz deiner angeborenen Natur und deines Schicksals – sie sind Zufälle, die dir Himmel und Erde geliehen haben. Auch deine Söhne und Enkel besitzt du nicht – sie sind nichts als abgeworfene Häute, die dir Himmel und Erde leihen.« ...

»Wie kann man dann von irgendetwas Besitz ergreifen?«

Zhuangzi 22: »Knowledge Wandered North«;
siehe B. Watson, S. 238

Kosmische Realität, Leben und Tod

Himmel und Erde: Die kosmische Realität

Was wir heutzutage als ›Kosmos‹ bezeichnen, war im alten China ›Himmel und Erde‹, was mehr oder weniger dem modernen Naturkonzept entspricht. ›Natur‹ ist der sichtbare Ausdruck des Tao oder das Tao, ›über das man reden kann‹.

Himmel und Erde existieren für sich allein, unabhängig vom Menschen und anderen Lebewesen. Zwar schenken Himmel und Erde all das, was für Geburt und Wachstum aller Lebewesen notwendig ist, doch dies entspringt nicht einem Zweck oder einer Absicht, genauso wenig hat es mit Fürsorge zu tun. Himmel und Erde sind unvoreingenommen, um nicht zu sagen gleichgültig.

Himmel und Erde sind nicht gütig:
Sie behandeln alle Wesen wie (Opfer-)Hunde aus Stroh.

Tao Te King 5

Als Himmel und Erde noch keine Form hatten,
War Alles am Aufsteigen und Fliegen, am Absteigen und Hinuntertauchen.
Und so wurde es der »Große Beginn« genannt.
Das [Tao] nahm seinen Anfang in der Unbestimmten Leere.
Aus der Unbestimmten Leere entsprangen Raum und Zeit;
Raum und Zeit erschufen das ursprüngliche *Qi*.

Eine Küstenlinie (teilte) das ursprüngliche *Qi*.
Das Reine und Helle breitete sich aus und formte den Himmel;
Das Schwere und Dichte erstarrte und formte die Erde.

Huainanzi, Buch 3: »Treatise on the Patterns of Heaven«; siehe J. Major, S. 62

Bei einem Bankett wandte sich Tian von Qi an seine Gäste:

»WIE GROSSZÜGIG IST doch der Himmel zu den Menschen! Er lässt die fünf Getreide wachsen, bringt Fische und Vögel hervor, damit der Mensch sie nutzen kann.«

Alle Gäste antworteten darauf wie ein Echo. Doch ein zwölfjähriger Junge aus der Pao-Familie, der zwischen den Gästen saß, kam nach vorne und sagte:

»Es ist nicht so, wie Ihr sagt, Herr. Die Myriaden an Dingen zwischen Himmel und Erde, geboren wie wir Menschen, sind nicht von anderer Art als wir. Keine Art ist edler als eine andere; es ist einfach so, dass der Stärkere und Klügere über die Schwächeren und Dümmeren herrscht. Alle kommen einmal an die Reihe, um einander aufzufressen, doch wurde nichts und niemand um der anderen willen geboren. Der Mensch nimmt alles Essbare und isst es, doch wie kann man die Behauptung aufstellen, dass der Himmel all dies ursprünglich zum Nutzen des Menschen hervorbrachte? Und außerdem wird der Mensch von Moskitos und Mücken gestochen, Tiger und Wölfe fressen unser Fleisch; hat nun der Himmel den Menschen einst in die Welt gesetzt zum Wohl der Moskitos und Stechmücken, dient sein Fleisch dem Wohl von Tigern und Wölfen?«

Liezi 8: »Explaining Conjunctions«;
siehe A.C. Graham, S. 178–179

Dennoch gibt es in der Natur ein Gleichgewicht, das Allem Gerechtigkeit widerfahren lässt – anders als das Handeln der Menschen.

Es ist Art des Himmels, das Übermaß zu mindern
Und das, was nicht genug ist, zu vermehren.
Dies ist nicht des Menschen Art: Er mindert das,
Was nicht genug ist, um damit das Übermaß zu nähren.

Tao Te King 77

Der Himmel kennt keine Begünstigungen,
Doch gewährt er den Guten stets Hilfe.

Tao Te King 79

Des Himmels Art ist es, Gutes zu tun und nicht Schaden zuzufügen.
Des Weisen Art ist es zu handeln, aber nicht zu kämpfen.

Tao Te King 81

Es ist Art des Himmels, nicht zu kämpfen und doch Sieger zu sein;
Der Himmel redet nicht und gibt doch Antwort;
Er ruft nicht, und doch kommt Alles aus eigenem Willen herbei;
Ohne Eile, ist er doch gut im Planen.
Das Netz des Himmels ist allumfassend:
Es ist weitmaschig, und doch entgeht ihm Nichts.

Tao Te King 73

Die Aufgabe der Menschheit besteht darin, die Kraft von Himmel und Erde (Natur) zu nutzen, um ihr Schicksal zu erfüllen. Allein kann keiner der ›Schauspieler‹ etwas erreichen.

Himmel und Erde können nicht alles erreichen;
Der Weise ist nicht zu Allem imstande;
Keines von all den Dingen kann zu Allem genutzt werden.
Deshalb
Ist es des Himmels Amt zu erzeugen und zu schützen,
Ist es der Erde Amt zu formen und zu stützen,
Ist es des Weisen Amt zu lehren und zu erneuern,
Ist es aller Dinge Amt, ihre Aufgabe zu erfüllen.

Liezi 1: »Heaven's Gifts«; siehe A. C. Graham, S. 19

Wird dieser Kosmos, in dem wir leben, jemals enden? Die Auffassung darüber ist bei den Taoisten geteilt; höchstwahrscheinlich haben wir einfach keine Mittel, das zu erfahren. Hier die Sichtweise eines Einzelnen:

HIMMEL UND ERDE sind etwas Winzigkleines innerhalb der Leere, dem Größten von Allem, was existiert. Zweifellos stimmt es, dass es lange dauern wird, bis ihre Zeit abgelaufen ist und zu Ende geht; und dass es nicht einfach zu erraten und vorherzusagen ist, wann dies geschehen wird. Sich Sorgen darüber zu machen, dass sie einmal untergehen könnten, trifft nicht den Kern der Sache; doch zu sagen, dass sie niemals vergehen werden, ist genauso anzweifelbar. Da Himmel und Erde dazu bestimmt sind, einmal unterzugehen, wird die Zeit dafür kommen.

Liezi 1: »Heaven's Gifts«;
siehe A. C. Graham, S. 28–29

Auf der anderen Seite lässt sich Liezi aber nicht auf ein Streitgespräch ein. Er sagt:

ES IST UNSINNIG zu behaupten, dass Himmel und Erde irgendwann untergehen oder nie vergehen. Ob sie vergehen oder nicht, wird sich immer unserer Kenntnis entziehen ...

Warum sollten wir uns Sorgen darum machen, ob sie nun untergehen oder nicht?

Liezi 1: »Heaven's Gifts«;
siehe A. C. Graham, S. 29

Diese taoistische Sichtweise ähnelt dem buddhistischen Gedankengut: Über vier Dinge wollte Buddha sich nicht äußern, unter anderem über die Frage, ob die Welt auf ewig besteht oder nicht. Es ist zum einen unmöglich, das zu wissen, und zum anderen außerdem nicht von Bedeutung.

常

Das Himmlische und das Menschliche

Das ›Himmlische‹ ist das von der Natur Gegebene; das ›Menschliche‹ ist vom Menschen gemacht, als Ergänzung zu dem von der Natur Gegebenen, und steht oft in Widerspruch zur ursprünglichen menschlichen Natur. Im Tao Te King *taucht dieses Thema immer wieder auf, eine noch größere Rolle spielt es aber im* Zhuangzi.

Richten sich menschliche Bemühungen gegen seine ihm angeborene Natur, dann geht der wahre Weg verloren; sind das Himmlische und das Menschliche in Harmonie, dann gewinnt der Weg die Oberhand und Gutes kann geschehen: Die Welt ist in Frieden. Doch die ›Tatsachen des Lebens‹ sehen so aus, dass sich der Mensch allzu sehr störend in das vom Himmel Gegebene einmischt und so den natürlichen Zustand aller Dinge zerstört: Das ist Chaos.

Es steht geschrieben: Das Himmlische ist innen, das Menschliche außen. Tugend wohnt dem Himmlischen inne. Verstehe das Handeln des Himmels und der Menschen, richte dich auf den Himmel aus und nimm die Tugend zur Basis, dann kannst du zum Wesentlichen zurückfinden und vom Höchsten sprechen, auch wenn du voraneilst oder dich zurückhältst, dich beugst oder streckst.

»Was meinst du mit dem Himmlischen und dem Menschlichen?«

Ro vom Nordmeer sagte einst: »Pferde und Ochsen haben vier

Beine – das meine ich mit dem Himmlischen. Dem Pferd ein Halfter anzulegen, durch die Nase des Ochsen einen Ring ziehen – das meine ich mit dem Menschlichen. Und so sage ich dir: Lass nicht zu, dass das Menschliche das Himmlische vernichtet; lass nicht zu, dass das Zweckmäßige das Schicksalhafte auslöscht; lass nicht zu, dass die Gewinnsucht dich nach Ruhm streben lässt. Sei achtsam, behüte es, verlier es nicht – das meine ich, wenn ich davon spreche, zum Wahren zurückzukehren.«

Zhuangzi 17: »Autumn Floods«;
siehe B. Watson, S. 182–183

Im Zhuangzi *strebt der ›vollkommene Mensch‹ danach, in sich selbst das zu entwickeln, was vom Himmel ist, und das zu meiden, was künstlich oder vom Menschen gemacht ist.*

ER, DER WEISS, was der Himmel tut und was der Mensch tut, hat den Gipfel erreicht. Indem er weiß, was der Himmel tut, lebt er im Einklang mit dem Himmel. Indem er weiß, was der Mensch tut, setzt er seine Kenntnis dessen, was er weiß, dazu ein, um seiner Kenntnis dessen, was er nicht weiß, auszuhelfen, und lebt die Jahre, die der Himmel im geschenkt hat, ohne auf halbem Wege von ihm abgeschnitten zu werden. Das ist die Vollkommenheit des Wissens.

Zhuangzi 6: »The Great and Venerable Teacher«;
siehe B. Watson, S. 77

Doch zu wissen, was vom Himmel ist und was nicht, ist eine schwierige Aufgabe.

WOHER WILL ICH wissen, dass das, was ich »Himmel« nenne, nicht in Wirklichkeit menschlich ist, und das was ich Mensch nenne, nicht in Wirklichkeit himmlisch?

Zhuangzi 6: »The Great and Venerable Teacher«;
siehe B. Watson, S. 77

Die menschliche Gesellschaft zwingt die Natur oft in Prozesse und Vorgänge, die nicht mit der Natur vereinbar sind. Das kann nur in eine Katastrophe münden.

HAST DU NOCH nicht von dieser Geschichte gehört? Ein Seevogel landete einst in den Vorstädten der Hauptstadt Lu. Der Markgraf von Lu geleitete ihn zum Tempel der Ahnen, wo er ihm Unterhaltung und Zerstreuung bot, Musik aufspielen ließ ..., der er lauschen konnte, und er bot ihm das Fleisch ... der Opfertiere dar, an dem er sich gütlich tun sollte. Doch der Vogel machte einen benommenen und verlorenen Eindruck, verweigerte Fleisch und Wein und nach drei Tagen war er tot.

Zhuangzi 18: »Perfect Happiness«;
siehe B. Watson, S. 194

VERSUCH [DESHALB] NICHT das zu entwickeln, was der Natur des Menschen entspricht; entwickle das, was der Natur des Himmels entspricht. Wer das Himmlische entwickelt, erweist dem Leben eine Wohltat; wer dagegen das Menschliche entwickelt, fügt dem Leben Wunden zu.

Zhuangzi 19: »Mastering Life«;
siehe B. Watson, S. 199

Wenn ein Betrunkener vom Wagen fällt, wird er davon nicht getötet werden, selbst wenn der Wagen mit großer Geschwindigkeit fährt. Er hat dieselben Knochen und Gelenke wie die anderen Menschen auch, und doch trägt er keine Verletzungen davon, wie dies bei ihnen der Fall wäre, denn sein Geist ist unversehrt. Er wusste nicht, dass er im Wagen fuhr, und er wusste nicht, dass er aus dem Wagen fiel. Leben und Tod, Angst und Schrecken können nicht in seine Brust gelangen, ... Wenn er so durch den Wein bei der Ganzheit bleiben kann, um wie viel mehr könnte er bei der Ganzheit bleiben durch den Himmel! Der Weise verbirgt sich im Himmel – und so kann ihm nichts Schaden zufügen.

Zhuangzi 19: »Mastering Life«;
siehe B. Watson, S. 198–199

Schicksal und menschliches Bemühen

Eines der faszinierendsten Probleme des Lebens ist die Rolle des freien Willens gegenüber dem Schicksal. Auch in der chinesischen Philosophie ist das Thema der Scheidelinie zwischen dem ›Beschluss des Himmels‹ (Schicksal) und dem ›Handeln des Menschen‹ (freier Wille) ein zentrales Thema.

Nach Meinung des Konfuzius werden langes Leben und Wohlstand durch das Schicksal festgelegt; dennoch sollte das menschliche Handeln von ethischen Prinzipien bestimmt werden. Der Tao-Meister Liezi beharrt darauf, dass jegliches menschliche Bemühen gegen das Schicksal nicht ankommen kann – eine extrem fatalistische Einstellung, die aber nicht von allen Taoisten vertreten wird.

Im ersten der nun folgenden Texte wendet sich das Schicksal an das Bemühen und diskutiert mit ihm über den mehr oder weniger großen Einfluss beider auf das menschliche Geschehen.

Wenn [Erfolg und Langlebigkeit] in deiner Macht stehen, warum verleihst du dem einen ein langes Leben, während dem anderen ein früher Tod beschieden wird? Warum lässt du zu, dass ein Weiser versagt, doch einem Schurken alles gelingt? Dass ein fähiger Mann erniedrigt wird, dem Dummkopf dagegen Lob entgegengebracht wird? Dass Gute in Armut leben müssen und Schlechte im Reichtum schwelgen?«

»Es ist wie du sagst [entgegnet Bemühen], sicherlich habe ich auf diese Dinge keinerlei Einfluss. Doch bist du es wirklich, der lenkt, dass die Dinge so sind?«

»Langes und kurzes Leben [antwortet das Schicksal], Erfolg und Versagen, hoher und niedriger Stand, Wohlstand und Armut – sie alle kommen ganz von selbst. Was weiß ich davon? Was weiß ich davon?«

Liezi 6: »Endeavor and Destiny«;
siehe A. C. Graham, S. 121–122

ZUR RECHTEN ZEIT zu leben und zu sterben ist ein Segen des Himmels. Nicht zu leben, wenn die Zeit dafür gekommen ist, und nicht zu sterben, wenn die Zeit dafür gekommen ist, ist eine Strafe des Himmels. Manch einer lebt und stirbt zu seiner Zeit, andere leben und sterben zur falschen Zeit. Doch weder andere Dinge noch wir selbst geben uns das Leben, wenn wir leben, und den Tod, wenn wir sterben; beides ist Schicksal, und die Weisheit vermag nichts dagegen zu tun.

Liezi 6: »Endeavor and Destiny«;
siehe A. C. Graham, S. 127

Manche schätzen das Leben und leben, manche verachten es und sterben, manche pflegen ihren Körper und tun ihm Gutes, andere gehen nachlässig mit ihm um und fügen ihm Schaden zu. Das hört sich sinnlos an, doch dem ist nicht so; auch in diesen Fällen kommen Leben und Tod, Gutes und Schlechtes ganz von selbst.

Liezi 6: »Endeavor and Destiny«;
siehe A. C. Graham, S. 129

Die Bauern sind in Eile, um die Früchte der Jahreszeit zu ernten, die Händler rennen dem Gewinn nach, Handwerker sind auf der Jagd nach neuen Fertigkeiten, Beamten auf der Jagd nach Macht; all dies bewirkt der Druck der Umstände. Doch die Bauern müssen Überschwemmungen und Zeit der Dürre erdulden, die Händler müssen mit Gewinnen und Verlusten leben, die Handwerker mit Erfolg und Misserfolg, die Beamten haben Glück oder auch nicht; all dies bewirkt das Schicksal.

Liezi 6: »Endeavor and Destiny«;
siehe A. C. Graham, S. 133–134

In der Welt gibt es zwei große Fügungen: das Schicksal und die Pflicht. Dass ein Sohn seine Eltern liebt ist Schicksal – man kann dies nicht aus seinem Herzen streichen. Dass ein Untertan seinem Herrscher dient ist Pflicht – nirgendwo ist ein Ort, an dem er ohne seinen Herrscher sein kann, nirgendwo ein Ort zwischen Himmel und Erde, wohin er entkommen kann. Das sind die großen Fügungen. Und daher besteht die vollkommenste kindliche Ehrerbietung darin, seinen Eltern zu folgen, in Zufriedenheit überall hin zu folgen. Und es ist höchste Treue, seinem Herrscher zu dienen und in Zufriedenheit alles für ihn zu tun. Seinem eigenen Geist zu dienen, so dass weder Trauer noch Freude ihn ins Wanken bringen oder bewegen; zu verstehen, was man nicht ändern kann und dies in Zufriedenheit als Schicksal anzunehmen – das ist die allerhöchste Tugend.

Zhuangzi 4: »In the World of Men«:
siehe B. Watson, S. 59–60

命

Leben und Tod werden vom Schicksal bestimmt

Dieses Thema ist eng mit dem Zusammenspiel von Schicksal und menschlichem Bemühen verbunden. Im Zhuangzi *wird das beeindruckendste Beispiel dafür erzählt: Als Zhuangzis Ehefrau gestorben war, kam sein Freund Huizi, um ihm sein Beileid auszudrücken. Er traf Zhuangzi dabei an, wie er auf ein Fass schlug und dazu sang. Huizi war empört und machte ihm Vorhaltungen. Zhuangzi aber entgegnete seinem Freud, dass er nichts vom Schicksal verstehe.*

GLAUBST DU, ICH hätte nicht getrauert wie jedermann, als sie starb? Doch ich schaute zurück zu ihren Anfängen und auf die Zeit, als sie noch nicht geboren war. Nicht nur auf die Zeit vor ihrer Geburt, sondern auch auf die Zeit, bevor sie einen Körper hatte. Nicht nur auf die Zeit, bevor sie einen Körper hatte, sondern auch auf die Zeit, bevor sie einen Geist hatte [*Qi*]. Mitten in all dem Durcheinander voller Wunder und Geheimnisse trat plötzlich die Veränderung ein, und sie hatte einen Geist. Es kam ein weiterer Wandel, und sie hatte einen Körper. Und da war noch ein Wandel, und sie ward geboren. Nun ist wieder eine Veränderung vor sich gegangen, und sie ist tot. Es ist wie mit dem Fortschreiten der vier Jahreszeiten, Frühling, Sommer, Herbst und Winter.

Nun wird sie in Frieden in einem weiten Raum liegen. Wenn ich ihr laut klagend und schluchzend folgen würde, wäre dies nur ein Zeichen dafür, dass ich nichts vom Schicksal verstehe.

Zhuangzi 18: »Perfect Happiness«;
siehe B. Watson, S. 192

Leben und Tod sind vom Schicksal vorgegeben – stetig wie das Aufeinanderfolgen von Dunkel und Hell, eine Sache des Himmels. Es gibt ein paar Dinge, gegen die der Mensch nichts tun kann – sie alle liegen in der Natur [der Dinge].

Zhuangzi 6: »The Great and Venerable Teacher«;
siehe B. Watson, S. 80

命

Wenn Leben und Tod vom Schicksal vorbestimmt sind, dann ist das Trauern über das Scheiden geliebter Menschen sinnlos.

ES WAR EINMAL ein Mann aus Wei, ... welcher über den Tod seines Sohnes keine Trauer zeigte. Sein Weib sagte zu ihm: »Niemand auf der Welt brachte seinem Sohn so viel Liebe entgegen wie du dem deinen. Warum bist du nun, da er tot ist, nicht von Trauer erfüllt?«

»Es gab eine Zeit, in der ich keinen Sohn hatte«, war die Antwort, »und als ich keinen Sohn hatte, trauerte ich nicht. Nun da er tot ist, ist es so wie vorher, als ich keinen Sohn hatte. Warum sollte ich also um ihn trauern?«

Liezi 6: »Endeavor and Destiny«;
siehe A.C. Graham, S. 133

Den Tod zu akzeptieren ist Weisheit

Wenn Leben und Tod vom Schicksal vorherbestimmt sind, können wir daran nicht viel ändern. Jegliches Bemühen um Unsterblichkeit ist demnach ein fruchtloses Unterfangen. Das einzig Vernünftige ist, den Tod als etwas Positives zu akzeptieren. Nur so können wir anfangen zu leben und das Leben zu genießen. Der taoistische Weise ist ein solcher Mensch: Er/Sie nimmt Leben und Tod als etwas gleich Gutes an – ergibt sich dem Schicksal mit einem Lächeln.

Das Leben zu lieben und den Tod zu hassen: Davon hatte der Wahre Mensch in den alten Zeiten keine Kenntnis. Er kam ins Leben ohne Freude; er verließ es ohne große Aufregung. Es kam schnell, er ging schnell, und das war alles. Er vergaß nicht, wo er seinen Anfang nahm; er versuchte nicht herauszufinden, wo er einmal enden würde. Wenn er etwas erhielt, hatte er Freude daran, vergaß es wieder und gab es zurück. Das meine ich, wenn ich davon spreche, nicht den Verstand einzusetzen, um vom Weg abzuweichen; nicht das Menschliche dazu zu nutzen, um das Himmlische zu stützen. Das nenne ich den »Wahren Menschen«.

Zhuangzi 6: »The Great and Venerable Teacher«;
siehe B. Watson, S. 78

DER GROSSE KLUMPEN (die Erde) bürdet mir die Form auf und die Last des Lebens, lässt mich alt werden und bringt mich im Tod zur Ruhe. Wenn ich also gut über mein Leben denke, muss ich aus dem gleichen Grund auch gut über meinen Tod denken.

Zhuangzi 6: »The Great and Venerable Teacher«;
siehe B. Watson, S. 80

SOLANGE DU LEBST, solltest du dich zurückziehen und das Leben seinen Lauf nehmen lassen; befriedige alle deine Wünsche und warte auf den Tod. Wenn es Zeit ist zu sterben, zieh dich zurück und lass den Tod seinen Lauf nehmen. Warum solltest du ihn verzögern oder beschleunigen?

Liezi 7: »Yang Zhu«;
siehe A. C. Graham, S. 148

Anders als spätere taoistische Schulen, wie zum Beispiel die Alchemisten, hielten die frühen Meister nichts davon, das Leben zu verlängern oder gar körperliche Unsterblichkeit zu erlangen. Warum kämpfen, wenn Leben und Tod vom Schicksal vorherbestimmt sind?

WENN EIN MENSCH sein Leben schätzt und sich um seinen Körper kümmert, kann er dann darauf hoffen, dadurch ewig zu leben?«

»Es ist unmöglich, ewig zu leben.«

»Kann er darauf hoffen, sein Leben zu verlängern?«

»Es ist unmöglich, sein Leben zu verlängern. Das Leben zu schätzen, das kann es nicht erhalten, die Pflege des Körpers kann diesem am Ende doch nichts nützen. Abgesehen davon, warum sollte man sein Leben verlängern? Unsere fünf Leidenschaften, unsere Vorlieben und Abneigungen, sind jetzt die gleichen wie in alten Zeiten. Die Sicherheit und Gefährdung unserer vier Gliedmaßen, die Freude und Bitterkeit weltlicher Angelegenheiten, Glücks- und Pechsträhnen, gute Herrscher und Zwietracht – all das ist heute nicht anders als früher. All das haben wir schon einmal gehört, gesehen, erlebt. Selbst wenn es hundert Jahre sind, das ist genug, um uns zufrieden zu stellen; könnten wir ein noch längeres Leben mit all seiner Bitterkeit überhaupt ertragen?

Liezi 7: »Yang Zhu«;
siehe A. C. Graham, S. 147–148

Es ist zutiefst menschlich, sich nach einem langen Leben zu sehnen und den Tod zu hassen. Warum sollte man sich über den Tod freuen?«

»Der Tod ist die Rückkehr dorthin, wo wir unseren Weg begonnen haben, als wir geboren wurden. Woher weiß ich also, ob ich, wenn ich sterbe, nicht woanders wiedergeboren werde? Woher weiß ich, ob Leben und Tod nicht gleich gut sind? Woher weiß ich, ob das sehnsüchtige Verlangen nach dem Leben nicht eine Wahnvorstellung ist? Woher weiß ich, ob mein Tod jetzt nicht besser ist als mein vergangenes Leben?«

Liezi 1: »Heaven's Gifts«;
siehe A. C. Graham, S. 25

Eine der schönsten Anekdoten im Zhuangzi *handelt von vier Herren, die Freunde werden. Bald darauf werden einige von ihnen krank und sind dem Tod nahe. Doch der Tod wird hier als eine Transformation der Lebenskraft angesehen; er ist zwar das Ende der individuellen Persönlichkeit, doch ständig werden neue Erscheinungsformen des Lebens erschaffen. Der Tod ist wie ein andauerndes Feuerwerk, als Ganzes gesehen ewig und unvergänglich, doch endlich in seinen individuellen Ausdrucksformen.*

Des öfteren taucht der Begriff ›Schöpfer‹ auf; der chinesische Text deutet damit nicht auf eine Person hin, sondern auf eine ›Schöpferkraft‹.

Meister Ssu, Meister Yü, Meister Li und Meister Lai waren in ein Gespräch vertieft. »Wer kann das Nicht-Sein als seinen Kopf betrachten, das Leben als seinen Rücken und den Tod als sein Hinterteil?«, fragten sie sich. »Wer weiß, ob Leben und Tod, Existenz und Auslöschung nicht alle ein einziger Körper sind? Dieses Menschen Freund will ich sein!«

Die vier Männer schauten einander an und lächelten. In ihren Herzen war keine Uneinigkeit, und so wurden sie Freunde.

Ganz plötzlich wurde Meister Yü krank. Meister Ssu besuchte ihn und erkundigte sich nach seinem Befinden.

»Es ist erstaunlich!«, sagte Meister Yü. »Wie krumm hat mich der Schöpfer gemacht! Mein Rücken steht vor wie ein Buckel und meine Organe liegen auf mir. Mein Kinn ist im Nabel verborgen, meine Schultern befinden sich über meinem Kopf und mein Zopf zeigt hoch gen Himmel. Irgendwie sind wohl Yin und Yang durcheinander geraten!« Doch in seinem Herzen schien er ruhig und sorglos. Er schleppte sich hinkend zum Brunnen, betrachtete sein Spiegelbild und sagte: »Na so was! Wie krumm der Schöpfer mich doch gemacht hat!«

Ärgerst du dich darüber?«, fragte Meister Ssu.

»Aber nein, worüber sollte ich mich ärgern? Wenn es so weitergeht, dann verwandelt er meinen linken Arm vielleicht noch in einen Hahn. In diesem Fall werde ich nachts Wache halten. Oder vielleicht verwandelt er auch irgendwann meinen rechten Arm in eine Armbrust und ich schieße mir eine Eule zum Rösten. Oder meine Hinterbacken werden zu Wagenrädern. Brauche ich dann jemals wieder einen Wagen?«

»Mir wurde das Leben geschenkt, weil die Zeit dafür reif war. Ich werde mein Leben verlieren, weil die Ordnung der Dinge fortschreitet. Sei zufrieden mit dieser Zeit und bleib in dieser Ordnung, dann bist du jenseits von Freud und Leid. Früher, in den alten Zeiten, nannte man dies ›die Befreiung von Grenzen‹. Es gibt Menschen, die sich selbst nicht befreien können, denn sie sind den Dingen verhaftet. Doch nichts kann jemals gegen den Himmel gewinnen – so war es schon immer. Worüber sollte ich mich also ärgern?«

Zhuangzi 6: »The Great and Venerable Teacher«;
siehe B. Watson, S. 83–85

Die Geschichte geht noch weiter und geht auf das Thema »Individualität nach dem Tod« noch näher ein: So etwas gibt es doch gar nicht! Und zu verlangen, wieder Mensch zu werden, ist reine Überheblichkeit!

PLÖTZLICH WURDE MEISTER Lai krank. Keuchend und schnaufend war er dem Tod nahe. Sein Weib und seine Kinder versammelten sich um ihn und fingen an zu weinen. Meister Li, der ihm einen Besuch abstattete, sagte: »Psst! Geht weg! Stört nicht den Vorgang der Wandlung!«

Dann lehnte er sich an die Tür und redete mit Meister Lai. »Wie wundervoll ist doch der Schöpfer! Was wird er als Nächstes aus dir machen? Wohin wird er dich senden? Wirst du vielleicht zu einer Rattenleber? Oder zu einem Fliegenbein?«

Meister Lai sagte: »Ein Kind, das seinen Eltern Gehorsam leistet, geht, wohin auch immer es geschickt wird – nach Osten oder Westen, Süden oder Norden. Und das Yin und Yang – wie viel mehr bedeuten sie für den Menschen als Vater oder Mutter! Jetzt, wo sie mich an den Rand des Todes gebracht haben, wie absurd wäre es von mir, ihnen nicht zu gehorchen. Ist es denn ihre Schuld? Der Große Klumpen bürdet mir die Last der Form auf und die Last des Lebens lässt mich alt werden und bringt mich im Tod zur Ruhe. Wenn ich also gut über mein Leben denke, muss ich aus dem gleichen Grund auch gut über meinen Tod denken. Man stelle sich vor, ein geschickter Schmied formt ein Stück Metall, und das Metall springt auf und sagt: ›Ich bestehe darauf, zu einem

Mo-yeh gemacht zu werden!‹ [ein berühmtes Schwert, ähnlich dem Schwert Excalibur] Für den Schmied wäre das bestimmt ein sehr unheilvolles Stück Metall. Nun, ich war einmal wagemutig genug, die menschliche Form anzunehmen. Wenn ich nun sagen würde: ›Ich will nichts anderes als ein Mensch werden! Nichts als ein Mensch!‹ – der Schöpfer hielte mich sicherlich für eine äußerst unheilvolle Person. Ich stelle mir also Himmel und Erde als einen großen Schmelzofen vor und den Schöpfer als einen geschickten Schmied. Wohin könnte er mich wohl senden, ohne dass es nicht in Ordnung wäre? Ich werde friedlich einschlafen und dann ganz plötzlich wieder aufwachen.«

Zhuangzi 6: »The Great and Venerable Teacher«;
siehe B. Watson, S. 85

Wenn Leben und Tod die beiden Seiten ein und derselben Medaille sind, ist es für einen Taoisten unsinnig, in Trauer auszubrechen, wenn eine nahestehende Person stirbt (vgl. auch die Kapitel »Leben und Tod werden vom Schicksal bestimmt« und »Schicksal und menschliches Bemühen«).

ALS LAO DAN starb, kam Qin Shi und betrauerte ihn. Doch nach dreimaligem Wehklagen verließ er das Zimmer.

»Warst du nicht ein Freund des Meisters?«, fragten Laozis Schüler.

»Ja, das war ich.«

»Und du meinst, es wäre angemessen, ihn so zu betrauern?«

»Jawohl«, sagte Qin Shi. »Zuerst hielt ich ihn für einen wirklichen Mann, doch jetzt weiß ich, dass das nicht stimmt. Als ich vor kurzem kam, um ihn zu betrauern, waren da alte Männer, die um ihn weinten wie um einen Sohn, und junge Männer, die um ihn weinten wie um eine Mutter. Er muss wirklich etwas getan haben, dass eine solche Gruppe sich hier versammelt und über ihn redet, obwohl er sie nicht gebeten hat zu reden, oder um ihn weint, obwohl er sie nicht gebeten hat zu weinen. Dies geschieht, um sich vor dem Himmel zu verbergen, um den Angelegenheiten nicht wirklich ins Auge sehen zu müssen, um zu vergessen, womit man geboren wurde. In alten Zeiten wurde dies als ein Verbrechen gesehen, als das Verbrechen, sich vor dem Himmel zu verbergen. Dein Meister kam, weil es für ihn an der Zeit war, und er ging, weil dies der Lauf der Dinge ist. Wenn man zufrieden ist mit seiner Zeit und bereit, dem Lauf der Dinge zu folgen, haben Freud und Leid keine Möglichkeit, Einzug zuhalten.«

Zhuangzi 3: »The Secret of Caring for Life«;
siehe B. Watson, S. 52–53

谷

Sterben ist sich zur Ruhe begeben

Das Leben durchläuft wie die vier Jahreszeiten vier Phasen: Kindheit, Jugend, Alter und Tod. Daran ist nichts Befremdliches, denn nach dem Tao Te King *verblühen alle Lebewesen eine Weile lang und kehren dann zu ihren Wurzeln zurück.*

Von der Geburt bis zum Ende durchläuft der Mensch vier große Wandlungen: Kindheit, Jugend, Alter und Tod. In der Kindheit konzentrieren sich alle seine Kräfte und Neigungen auf eines: höchste Harmonie. Nichts kann ihm Schaden zufügen, nichts kann seine Tugenden noch verstärken. In der Jugend ist sein Blut in Aufruhr und seine Energien überwältigen ihn; er ist erfüllt von Begierden und Sorgen. Andere Menschen greifen ihn an, und so schwinden die Tugenden in ihm dahin. Im Alter werden Begierden und Sorgen immer weniger, sein Körper will zur Ruhe kommen. Nichts ringt mehr darum, ihm voraus zu sein. Und obwohl er die Vollendung seiner Kindheit nicht erreicht hat, gibt es doch im Vergleich zu seiner Jugend einen großen Unterschied hin zum Besseren. Wenn er stirbt, geht er zur Ruhe und steigt wieder auf in seinen Zenit.

Liezi 1: »Heaven's Gifts«;
siehe A. C. Graham, S. 23

ZIGONG HATTE GENUG vom Studieren und sagte zu Konfuzius: »Ich will mich ausruhen.«

»Für die Lebenden gibt es keine Ruhe.«

»Dann werde ich nie Ruhe finden?«

»Doch, du wirst. Freu dich auf die erhabene Wölbung deines Grabhügels, dann weißt du, wo du Ruhe findest.«

»Groß ist der Tod! Der Herr findet Ruhe im Tod, der gemeine Mann fügt sich ihm!«

»Zigong, ich sehe, du hast mich verstanden. Alle Menschen begreifen, wie viel Freude es macht, lebendig zu sein, doch nicht das Elend, das damit verbunden ist; sie erkennen den Überdruss des Alterns, doch nicht seine Leichtigkeit; die Hässlichkeit des Todes, doch nicht seine Ruhe.«

Liezi 1: »Heaven's Gifts«; siehe A. C. Graham, S. 26

YANZI SAGTE: »WIE gut verstanden die Alten doch den Tod! Der Gute findet im Tod seine Ruhe, der Schlechte fügt sich ihm! Sterben heißt, dass die uns innewohnende Tugend zu ihrem Ziel gelangt. Die Alten nannten einen toten Mann ›einen Mann, der zurückgekehrt ist‹. Damit, dass die Toten zurückkehrt sind, wollten sie ausdrücken, dass die Lebenden auf einer Reise sind. Der Reisende, der vergisst zurückzukehren, ist ein Mann, der nicht weiß, wo sein Zuhause ist.«

Liezi 1: »Heaven's Gifts«; siehe A. C. Graham, S. 26

Das Leben schätzen, das Leben nähren

Im Allgemeinen schätzen die taoistischen Meister das Leben als das kostbarste aller Geschenke und ermutigen dazu, es zu nähren, um die vom Schicksal zugedachte Lebensspanne auch wirklich voll auszuschöpfen. Einige dieser Meister sind allerdings etwas skeptischer; sie sagen: Unsere Bemühungen bewirken eigentlich gar nichts. Wir wollen uns einmal beide Meinungen anhören.

Das Leben zu schätzen heißt nicht, dass man es dadurch erhalten kann; seinen Körper pflegen heißt nicht, dass man ihm damit etwas Gutes tut; das Leben wird nicht kürzer, wenn man ihm Verachtung entgegenbringt, den Körper zu vernachlässigen kann ihm keinen Schaden zufügen. Und so lebt manch einer, der das Leben schätzt, doch nicht lange, und manch einer, der es verachtet, stirbt deswegen auch nicht früher; manche, die ihren Körper pflegen, tun ihm nichts Gutes, andere, die ihn vernachlässigen, schaden ihm dadurch nicht. Das hört sich sinnlos an, doch dem ist nicht so; auch in diesen Fällen kommen Leben und Tod, Gutes und Schlechtes, ganz von selbst.

Liezi 6: »Endeavor and Destiny«;
siehe A. C. Graham, S. 129

Wer die wahre Natur des Lebens erkannt hat, müht sich nicht ab mit Dingen, die das Leben nicht erbringen kann. Wer die wahre Natur des Schicksals erkannt hat, müht sich nicht ab mit Dingen, die Wissen nicht verändern kann. Wer seinen Körper nähren will, muss sich zunächst den Dingen zuwenden. Und doch kann es sein, dass mehr als genug davon zur Verfügung stehen und der Körper doch nicht genährt wird. Wer am Leben ist, muss sich zuallererst darum kümmern, dass es nicht aus dem Körper weicht. Und doch kann es sein, dass das Leben den Körper nie verlässt, aber dennoch nicht erhalten werden kann. Gegen das Leben, das kommt, kann man sich nicht wehren; wenn es geht, kann man es nicht aufhalten. Wie erbärmlich sind doch die Menschen auf der Welt, die meinen, dass allein das Nähren des Körpers ausreicht, um das Leben zu erhalten! Doch wenn das Nähren letztlich das Leben nicht erhalten kann, warum lohnt es sich dann, das zu tun, was alle Welt nun einmal tut? Es mag sich nicht lohnen, und doch muss es getan werden – das ist unvermeidlich.

命

Zhuangzi 19: »Mastering Life«;
siehe B. Watson, S. 197

Das Zhuangzi *beschreibt verschiedenste Arten von praktizierenden Taoisten, welche alle ihre eigenen Ziele verfolgen: Die einen wollen ein Einsiedlerdasein fristen, andere aber wollen sich mit weltlichen Dingen beschäftigen, um die Welt zu verbessern. Sie alle, so das Urteil des* Zhuangzi, *gehen am Wesentlichen vorbei. Hier nun die Art von Mensch, der das Leben verlängern will:*

KEUCHEN UND SCHNAUFEN, schlucken, den alten Atem ausspucken und einen neuen Atemzug tun, Hängeübungen und Vogeldehnungen, sein Augenmerk auf die Langlebigkeit richten. So sieht das Leben aus, das sich ein Schüler der Induktionspraxis [gymnastische Übungen] erträumt – ein Mensch, der seinen Körper nährt und darauf hofft, so alt zu werden wie Pengzu [eine mythische Person, die über 860 Jahre alt wurde].

Doch um Erhabenheit zu erlangen, ohne den Willen zu zügeln; um moralische Stärke zu entwickeln ohne Güte und Rechtschaffenheit, rechte Ordnung ohne ruhmreiche Taten, Muße ohne Flüsse und Meere, langes Leben ohne Induktion; alles zu verlieren und doch alles zu besitzen, sich wohl zu fühlen im Unendlichen, ... Das ist der Weg von Himmel und Erde, die Tugendhaftigkeit des Weisen. So steht es geschrieben: Gelassenheit, Schweigen, Leere und Nichtstun – das ist die Bedeutung von Himmel und Erde, das Wesen des Weges und seiner Tugend.

Zhuangzi 15: »Constrained in Will«; siehe B. Watson, S. 167–168

Das Tao Te King *spricht in Bezug auf die Wertschätzung und das Nähren des Lebens eine nicht ganz so deutliche Sprache. Doch immerhin gibt es ein paar Andeutungen darüber, dass ein langes Leben einem kurzen vorzuziehen sei. Vielmehr scheint eigentlich das Schicksal hier eine Rolle zu spielen. Von zehn Menschen ist nur einer vom Schicksal dazu auserkoren, ein langes Leben zu haben:*

> SOBALD MAN GEBOREN ist, betritt man das Reich des Todes.
> Von zehn gehen drei auf das Leben zu.
> Von zehn gehen drei auf den Tod zu.
> Auch von denen, die leben [sollten], [aber] zu ihrem Platz des Sterbens eilen,
> sind es drei von zehn.
> Warum ist das so? Sie leben mit aller Kraft.
> Man hört, dass der eine,
> der gut auf sein Leben aufpasst,
> auf seiner Reise weder auf Rhinozerosse noch auf Tiger trifft.
> Im Kampf wird er nicht von Waffen berührt.
> Ein Rhinozeros findet keine Stelle, in die es seine Hörner hineinstoßen kann.
> Ein Tiger findet keine Stelle, in der er seine Krallen hineingraben kann.
> Waffen finden keine Stelle, in die sie ihre Klingen hineinstoßen können.

Warum ist das so?
In diesem einen Menschen ist kein Platz für den Tod.

Tao Te King 50

Sein Leben zu verlängern – das nennt man Glück.
Seine Lebensenergie (*Qi*) mit dem Geist zu lenken – das nennt man Stärke.
Alle Lebewesen erblühen und werden alt:
Dies erzwingen zu wollen, ist gegen das Tao.

Tao Te King 55

Das Leben ist ein kostbares Geschenk, das man hüten und mit großer Achtsamkeit behandeln sollte. Eine wunderbare Geschichte aus dem Zhuangzi *vergleicht das Nähren des Lebens mit der äußersten Vorsicht, mit der ein Metzger sein Messer gebraucht.*

Der Koch Ding zerlegte einen Ochsen für den Herrn Wenhui. Bei jeder Berührung mit der Hand, jedem Hochziehen der Schulter, jeder Bewegung der Füße, jedem Stoß mit dem Knie – Scht! Scht! – schnitt er zischend mit dem Messer in das Fleisch hinein, und alles war in einem perfekten Rhythmus ...

»Oh, das ist wunderbar«, sagte Herr Wenhui. »Man stelle sich nur eine Fertigkeit vor, mit der man solche Höhen erreichen kann!«

Koch Ding legte sein Messer weg und antwortete: »Was für mich wichtig ist, ist der Weg, der mehr ist als die bloße Fertigkeit ... [nach jahrelanger Übung] gehe ich mit dem Geiste vor und schaue nicht mehr mit den Augen. Wahrnehmung und Verstehen haben aufgehört und der Geist geht, wohin er will.

Ein guter Koch wechselt einmal im Jahr sein Messer – weil er schneidet. Ein mittelmäßiger Koch wechselt das Messer einmal im Monat – weil er hackt. Ich besitze mein Messer seit neunzehn Jahren und habe damit Tausende von Ochsen zerlegt, und doch ist seine Klinge so scharf, als sei sie gerade erst geschliffen worden ...«

»Wunderbar!«, sagte Herr Wenhui. »Ich habe den Worten des Koches Ding gelauscht und dabei gelernt, wie ich für mein Leben sorgen kann.«

Zhuangzi 3: »The Secret of Caring for Life«;
siehe B. Watson, S. 50–51

Körperliche Beeinträchtigung und Geist

In Lu gab es einmal einen Mann, Shushan No-Toes, der einen Fuß verloren hatte. Er humpelte zu Konfuzius.

»Du warst nicht achtsam genug!«, sagte Konfuzius. »Was erhoffst du dir davon, jetzt zu mir zu kommen, wo du doch das Gesetz bereits gebrochen hast und in diese Schwierigkeiten gekommen bist?«

No-Toes sagte: »Ich hatte einfach nicht verstanden, was meine Pflicht war, habe mich zu wenig um meinen Körper gekümmert, und so habe ich einen Fuß verloren. Doch nun komme ich, weil ich noch etwas habe, das mehr wert ist als ein Fuß, und ich möchte es nicht auch noch verlieren. Es gibt nichts, was der Himmel nicht bedeckt, nichts was die Erde nicht trägt. Ich nahm an, Meister, dass du wie Himmel und Erde bist. Woher hätte ich wissen sollen, dass du so reagierst?«

»Ja, es war dumm von mir«, sagte Konfuzius. »Bitte, Herr, tritt ein. Ich möchte dir gerne erzählen, was ich gelernt habe.«

Doch No-Toes verließ ihn ...

No-Toes erzählte diese Geschichte Lao Dan. »Konfuzius ist doch bestimmt noch kein Vollkommener Mensch, oder? Warum kommt er sonst so unterwürfig zu dir, um zu lernen? Er ist hinter der falschen Illusion des Ruhmes und der Ehre her und weiß nicht, dass der Vollkommene Mensch diese als Ketten und Fußfesseln ansieht!«

Lao Dan antwortete ihm: »Warum hilfst du ihm nicht dabei zu erkennen, dass Leben und Tod das Gleiche sind, dass das Annehmbare und das nicht Annehmbare auf einer einzigen Schnur aufgefädelt sind? Wäre es nicht gut, ihn von seinen Ketten und Fußfesseln zu befreien?«

No-Toes entgegnete: »Wenn der Himmel ihn bestraft hat, wie kannst du ihn dann befreien?«

Zhuanzi 5: »The Sign of Virtue Complete«;
siehe B. Watson, S. 71–72

Das Leben geniessen

Das Leben ist ein kostenloses Geschenk: Es ist völlig natürlich, es mit Freude zu empfangen und zu genießen. Alle alten Tao-Meister sind sich darin einig. Yang Zhu, der im 4. Jahrhundert v. Chr. lebte, war ein Taoist, der aus der Reihe tanzte. Eigentlich sollte man ihn um der Genauigkeit willen nicht als Taoisten bezeichnen, sondern eher als Epikuräer im strengsten Sinn. Das Liezi *enthält jedoch ein Kapitel über Yang Zhu, und es ist durchaus von Vorteil für uns, seine provokante Stimme zu vernehmen.*

»Wofür soll der Mensch leben? Wo soll er sein Glück finden? Nur in schönen Kleidern und gutem Essen, Musik und schönen Frauen.

Wir alle sterben einmal, einige in zehn, andere in hundert Jahren; Heilige und Weise sterben, Böse und Dumme. Im Leben waren sie Yao und Shun [vorbildliche Weise aus der alten Zeit], im Tod sind sie verrottete Knochen; im Leben waren sie Jie und Zhou [berüchtigte Bösewichte], im Tod sind sie verrottete Knochen. Verrottete Knochen sind alle gleich, wer kann sie voneinander unterscheiden? Beeil dich, dein Leben zu genießen, solange du lebst; warum solltest du dir Sorgen darum machen, was passiert, wenn du tot bist?«

Liezi 7: »Yang Chu«; siehe A. C. Graham, S. 139–140

Yang Zhu war auch ein Realist: Es ist realistisch, das zu genießen, was man hat, und nicht nach mehr zu verlangen (siehe dazu das Kapitel ›Zufriedenheit‹).

德

Zufriedenheit

Die alten Meister warnen uns vor Begierden, die außer Kontrolle geraten. Ein Herrscher, der von seinem Verlangen nach Macht und Reichtum regiert wird, ist eine Katastrophe für das ganze Land. Ein Weiser ist fähig, seine Begierden zu überwinden und zufrieden zu sein. Zufriedenheit ist das kostbare Juwel des Glücks.

GROSSES HAUS, SCHÖNE Kleider, gutes Essen, schöne Frauen – was verlangst du noch von der Außenwelt, wenn du diese vier besitzt? Wer sie besitzt und doch nach mehr verlangt, ist ein Nimmersatt. Eine solch unersättliche Natur ist wie eine Made, die die Lebenskraft verzehrt.

Liezi 6: »Yang Chu«;
siehe A. C. Graham, S. 156

ES WIRD ERZÄHLT, dass die Hüter der Welt in alten Zeiten ohne Begehr waren, und die Welt war zufrieden, ohne Handeln, und die zehntausend Dinge wurden verwandelt. Sie waren tief und still, und die hundert Klans gaben Ruhe.

Zhuangzi 12: »Heaven and Earth«;
siehe B. Watson, S. 127

Machtgier ist bei Herrschern die Ursache von Kriegen; Machtgier ist die Ursache für das Unglück einzelner Menschen. Es gibt nur ein Gegenmittel: Zufriedenheit

Es gibt kein größeres Unglück als die Zufriedenheit nicht
zu kennen.
Es gibt keine größere Katastrophe als immer mehr zu begehren.
In der Tat: Wer die Zufriedenheit des Zufriedenseins kennt,
ist immer zufrieden.

Tao Te King 46

Eine Behausung voller Gold und Jade
wird nicht lange sicher sein.
Stolz zu sein auf Reichtum und Ehre
ist die Ursache des Zusammenbruchs.

Tao Te King 9

WER IMMER OHNE Begierde ist,
kann in die Erhabenheit [des Tao] vordringen.
Wer immer voller Begierde ist,
kann nur die Äußerlichkeiten [des Tao] betrachten.

Tao Te King 1

SCHWIERIG ZU ERLANGEN in der Welt sind weder Reichtum noch Ehre. Schwierig zu erlangen ist vielmehr die Erfahrung des Zufriedenseins. Der endlose Fluss der Begierde bereitet den Menschen Kummer.

Ji Kang [Periode der Drei Königreiche]: »Da xiangzi yinan yangshenglun«; übersetzt von J. Pas, zitiert aus: Qifu Chen: *Ru-Dao-Fo Mingyan Cidian*, S. 417

DIEJENIGEN, DIE DIE Zufriedenheit kennen, sind eins mit dem Tao und seiner Kraft. Sie verzichten auf Ruhm und Gewinn und richten sich selbst auf im Königreich der Leere.

Yan Zun [Han-Dynastie]: »Daode chiguilun«; übersetzt von J. Pas, zitiert aus: Qifu Chen: *Ru-Dao-Fo Mingyan Cidian*, S. 417

Der weise Herrscher

Der Weise: Gipfel menschlicher Vollendung

Ein Mensch, der die Vollendung erreicht hat, wird im Tao Te King *»Shengren«, also »Weiser« (oder »Heiliger«) genannt. Im* Zhuangzi *tauchen weitere Begriffe auf, die wahrscheinlich die gleiche Bedeutung haben:* Zhenren *(der wahre Mensch; der erleuchtete Mensch);* Shenren *(der spirituelle Mensch, der heilige Mensch);* Zhiren *(der perfekte Mensch, der höchste Mensch). In späteren religiösen Texten des Taoismus ist* Xian *der meist angestrebte Idealzustand, übersetzt als ›unsterblich, vollendet, transzendent‹. Um ein* Xian *zu werden, muss man ein sehr strenges Programm spiritueller und körperlicher Praktiken befolgen (siehe auch das Kapitel »Wege zur Unsterblichkeit«).*

Der Weise hält fest am Einssein
und wird zum Vorbild für das ganze Land.
Er stellt sich nicht zur Schau und wird dadurch ins Licht gerückt.
Er stellt keine Ansprüche und wird dadurch allbekannt.
Er rühmt sich nicht und erhält dadurch Anerkennung.
Er prahlt nicht und kann sich dadurch lange halten.
Eben weil er nicht den Wettstreit sucht, kann sich im ganzen Land niemand mit ihm messen.

Tao Te King 22

Der Weise handelt, doch ist er nicht zu sehr überzeugt
von sich selbst.
Er erhebt keinen Anspruch auf das, was er vollbracht hat.
Er hat kein Verlangen, seine Vortrefflichkeit zu zeigen.

Tao Te King 77

Sein Leben ist ganz der Lauf der Natur; sein Tod ist die Wandlung der Dinge. In Ruhe rollt er sich zusammen mit dem Yin; in Bewegung öffnet er sich mit dem Yang. Seine Lebensgeister sind durchdrungen von Frieden, er verliert sich nicht in den Dingen, und doch fügt sich ihm die Welt von ganz allein ... Durch Nicht-Sein antwortet der Weise auf die Dinge und durchdringt so auch die Gesetze des Seins; durch seine Leere wird ihm die Fülle zuteil, und so ergründet er auch deren Regeln. Ruhig und unbewusst, leer und friedvoll erfüllt er sein Schicksal. Deshalb ist ihm nichts fern und nichts nah, er umfasst das *De* und verschmilzt mit der Harmonie. So folgt er dem Lauf des Himmels. Er ist dem Tao nahe und in Berührung mit dem *De*, von glücklichem Geschick wird er nicht verlockt, auch eilt er nicht dem Missgeschick entgegen; sein *Hun* und *Po* (Seelen) bleiben in ihrem Reich, seine Lebensgeister bleiben der Wurzel nahe. Leben und Tod machen für ihn keinen Unterschied; deshalb wird er »höchst spirituell« (*Shen*, göttlich) genannt.

Huainanzu 7; siehe J. Robinet, S. 42

WER SICH AN den Weg hält, ist vollkommen in der Tugend *(De)*; vollkommen in der Tugend, ist er auch vollkommen im Körper; vollkommen im Körper, ist er auch vollkommen im Geist *(Shen)*. Vollkommenheit des Geistes, das ist der Weg des Weisen. Zufrieden ist er damit, unter den Menschen zu leben, an ihrer Seite zu gehen und niemals zu wissen, wohin er geht. Seine Reinheit, ganz ohne Vernunft, ist vollkommen. Verdienst, Gewinn, Maschinen, Fertigkeiten – im Kopf dieses Menschen ist dafür kein Platz! Ein solcher Mann geht nirgendwohin, wo er nicht hingehen will, tut nichts, was er nicht will ...

Alles Lob und aller Tadel der Welt sind für ihn weder Verlust noch Gewinn. Man kann ihn einen »Menschen von vollkommener Tugend« nennen.

Zhuangzi 12: »Heaven and Earth«; siehe B. Watson, S. 135–136

DER WEISE UMSCHLIESST Himmel und Erde in ihrer Gesamtheit, seine Gaben verteilt er auf der ganzen Welt, doch niemand weiß, wer er ist und zu welcher Familie er gehört. Deshalb trägt er im Leben keine Titel, im Tod werden ihm nachträglich keine ehrvollen Namen verliehen. Er versammelt keine Tatsachen um sich, Namen bleiben nicht an ihm haften – das ist der so genannte »Große Mensch«.

Zhuangzi 24: »Xu Wugui«; siehe B. Watson, S. 272

Wie bereits gesagt, gibt es neben dem Ausdruck Shen *eine ganze Reihe anderer Bezeichnungen für die menschliche Vollkommenheit. Hier nun ein paar der Alternativen: der Mann des Geistes,* Shenren *(bzw. spiritueller Mensch) …*

ER LÄSST SEINEN Geist aufsteigen zum Licht; seine körperliche Erscheinung löst er auf und schwindet dahin. Das ist die »grenzenlose Erleuchtung«. Er lebt sein Schicksal, folgt seiner wahren Gestalt bis zum Ende, ruht in der Freude von Himmel und Erde, und zehntausend Sorgen schmelzen dahin. So kehren alle Dinge zu ihrer wahren Gestalt zurück. Das ist die »Planlose Dunkelheit«.

Zhuangzi 12: »Heaven and Earth«;
siehe B. Watson, S. 137

DER VOLLKOMMENE MANN [Zhiren] hat kein Selbst;
Der Heilige Mann [Shenren] hat keine Verdienste;
Der Weise Mann [Shengren] hat keinen Ruhm.

Zhuangzi 1: »Free Flight into Transcendence«;
siehe B. Watson, S. 32

Die Erhabenheit des Weisen

Das Zhuangzi *beginnt mit einer langen Geschichte über einen mythischen Fisch, der sich in einen mythischen Vogel verwandelt: ein Symbol der Transzendenz des Weisen. Der Flug des Vogels geht weit über das hinaus, was eine kleine Kreatur leisten kann. Ähnlich transzendiert der Weise die abertausend kleinen Kreaturen, die nur wenig verstehen. Der riesige Vogel symbolisiert auch die mystischen Wanderungen des Weisen über Zeit und Raum hinaus – ein Zustand spiritueller Freiheit und Vollkommenheit.*

Im dunklen Norden gibt es einen Fisch mit dem Namen »Kun«. Kun ist riesig, ich weiß nicht, wie viele Meilen lang. Er verwandelt sich in einen Vogel mit dem Namen »Peng«. Der Rücken des Peng ist so groß, ich weiß nicht, wie viele Meilen lang. Wenn er aufsteigt und davonfliegt, bedecken seine Flügel den Himmel wie Wolken. Wenn das Meer in Bewegung gerät, fliegt der Vogel in den dunklen Süden, und das Meer ist aufgewühlt – dreitausend Meilen weit. Er schlägt den Wirbelsturm und fliegt neunzigtausend Meilen durch die Lüfte, ein Sturm bricht los, sechs Monate lang ...

Wenn Wasser nicht tief genug ist, hat es nicht die Kraft, ein großes Boot zu tragen. Gieße eine Tasse Wasser in ein Loch im Boden, und Unrat wird darauf schwimmen wie Boote ...

Wenn der Wind nicht stark genug ist, hat er nicht die Kraft, große Flügel in die Höhe zu tragen. Wenn Peng also aufsteigt, neunzigtausend Meilen hoch, muss er einen solchen Wind unter sich haben. Nur dann kann er auf dem Rücken des Windes in die Lüfte steigen, sich einen Weg bahnen im blauen Himmel, und nichts kann ihn daran hindern und davon abhalten. Nur dann kann er sich aufmachen, in den Süden zu ziehen.

Die Zikade und die kleine Taube lachen darüber und sagen: »Wenn wir versuchen hoch zu fliegen, kommen wir gerade bis zum Sapan-Baum, doch manchmal gelingt uns nicht einmal das, und wir fallen einfach auf die Erde hinunter. Wie kann also jemand neunzigtausend Meilen in den Süden fliegen!« ...

Was verstehen diese beiden Kreaturen schon? Wenig Verständnis kommt nicht an großes Verständnis heran, und ein kurzes Leben nicht an ein langes ...

Wir können nicht erwarten, dass ein blinder Mann ein wunderschönes Stoffmuster zu würdigen weiß, oder dass ein tauber Mann den Glocken und Trommeln lauscht. Und Blindheit und Taubheit sind nicht allein auf den Körper beschränkt – auch das Verstehen kann blind und taub sein.

Zhuangzi 22: »Free Flight into Transcendence«;
siehe B. Watson, S. 29–33

Vom handeln des Weisen

Der Weise ist ein Mensch, der eins ist mit dem Tao. Sein Tun folgt dem Vorbild des Tao, was letztendlich ›Nicht-Tun‹ ist (Wuwei).

In seinem Tun vollzieht der Weise das ›Nicht-Tun‹,
Es verkündet die Lehre des ›Nicht-Sprechens‹.
Alle Wesen blühen mehr und mehr auf, und er weist sie nicht zurück.
Er erzeugt, doch besitzt er nichts.
Er handelt, doch hält er nicht fest.
Er vollendet, doch haftet er an nichts.
Und eben weil er an nichts haftet, verliert er auch nichts.

Tao Te King 2

Im Hintergrund hält sich der Weise,
und steht sich doch im Vordergrund.
Er lässt seine eigene Person verschwinden,
und doch ist seine Persönlichkeit stark und fest.
Geschieht es nicht durch seine Selbstlosigkeit,
dass sein Selbst sich verwirklicht?

Tao Te King 7

Der Weise vermeidet die Extreme,
er vermeidet leeres Sich-zur-Schau-Stellen,
er vermeidet das Übermaß.

Tao Te King 29

Der Weise weiss, ohne zu reisen,
er versteht, ohne zu sehen,
er vollendet, ohne zu handeln.

Tao Te King 47

Der Weise macht etwas rechtwinklig, ohne zu schneiden,
rundet die Ecken ab, ohne zu verletzen,
macht gerade, ohne zu übertreiben,
erstrahlt, ohne zu blenden.

Tao Te King 58

DER WEISE HANDELT nicht und verdirbt nichts.
Er hält nichts fest und verliert nichts.

Der Weise begehrt, nicht zu begehren;
Seltene Dinge schätzt er nicht.
Er lernt, nicht zu lernen,
Bessert das aus, was die Menge falsch gemacht hat.
Er unterstützt die Selbstnatur aller Wesen,
Und so wagt er es nicht zu handeln.

Tao Te King 64

DER WEISE WEISS um sich selbst, und doch zeigt er sich nicht.
Er liebt sich selbst, und doch bewertet er sich nicht.

Tao Te King 72

DER WEISE HÄUFT keine Reichtümer an:
Je mehr er für andere handelt, desto mehr hat er auch selbst;
Je mehr er anderen gibt, desto mehr besitzt er auch selbst.

Der Weg des Weisen ist Handeln, ohne zu kämpfen.

Tao Te King 81

Der weise Herrscher

Im Idealfall ist der Herrscher des Landes ein Weiser. Im Tao Te King *wird das sehr deutlich. Die Figur des Weisen kommt hier oft in einem Zusammenhang vor, der gar nichts mit dem Regieren zu tun hat, und doch wird er oft auch als Herrscher dargestellt, ja sogar als der ideale Herrscher: der weise Herrscher.*

Das Tao Te King *hat gelegentlich eine anti-intellektuelle Tendenz die Menschen in Unwissenheit zu halten und sicherzustellen, dass sie genug zu essen haben – das ist nach dem* Tao Te King *die beste Methode, um im Staat die Harmonie aufrechtzuerhalten.*

Zhuangzi *dagegen bringt der Regierung Verachtung entgegen und rät den Menschen davon ab, Regierungsaufgaben wahrzunehmen: Es ist einfach zu gefährlich, denn wie man weiß, sind Könige unberechenbar.*

Ein Weiser regiert, indem er die Köpfe der Menschen leer macht und ihre Bäuche füllt,
Indem er ehrgeiziges Streben schwächt und die Knochen stärkt.
Wenn er das Volk in ständigem Unwissen und ohne Begehren hält,
Sorgt er dafür, dass die Listigen es nicht wagen zu handeln.
Indem er das Nicht-Tun praktiziert, wird es auch nichts geben, das nicht seine Ordnung hat.

Tao Te King 3

Der weise hat keinen beständigen Verstand:
  Sein Verstand ist der Verstand des Volkes ...
Ein Weiser im Lande bringt Harmonie:
  Sein Verstand reicht weit ins Land hinaus.
Das ganze Volk wendet ihm seine Augen und Ohren zu:
  Für den Weisen sind sie alle seine Kinder.

Tao Te King 49

Regiere das Land mit Korrektheit.
Setze die Armee mit List ein.
Halte daran fest das Land durch Nicht-Tun zu gewinnen.
Woher weiß ich das? Ich weiß es durch folgende Tatsachen:
Je mehr Verbote es im Land gibt,
  desto ärmer ist das Volk.
Je mehr Menschen scharfe Waffen besitzen,
  desto größer ist die Verwirrung im Land.
Je listiger die Menschen sind,
  desto mehr Außergewöhnliches geschieht.
Je mehr Gesetze erlassen werden,
  desto mehr Diebe gibt es im Land.
Deshalb sagt der Weise:
Ich handle nicht und das Volk wandelt sich von selbst.

Tao Te King 57

UM DAS VOLK zu regieren und dem Himmel zu dienen
ist nichts besser als Genügsamkeit.

Tao Te King 60

EINEN GROSSEN STAAT zu regieren ist wie kleine Fische zu braten.
[Durch zu häufiges Wenden verdirbt man sie.]

Tao Te King 60

STELLT SICH EIN großer Staat auf eine niedrigere Stufe
als ein kleiner,
dann kann er sich des kleinen Staates bemächtigen.
Stellt sich ein kleiner Staat auf eine niedrigere Stufe
als ein großer,
dann kann er sich des großen Staates bemächtigen ...
Wer groß sein will,
tut gut daran, sich klein zu machen.

Tao Te King 61

Wer danach trachtet, über dem Volk zu stehen,
muss sich ihm in seinen Worten unterwerfen.
Wer danach trachtet, dem Volk voranzugehen,
muss sich als Person hinten anstellen.
So steht der Weise über dem Volk,
doch wird dies nicht als Last empfunden.
Er ist des Volkes Führer,
und doch erleiden die Menschen keinen Schaden ...
Da er nicht den Wettstreit sucht, kann ihm niemand im Lande etwas streitig machen.

Tao Te King 66

Einem klaren, ruhigen, nicht-handelnden Herrscher
Wird der Himmel die richtigen Jahreszeiten schicken.
Eignet er sich nicht an, was ihm nicht zusteht,
Bleibt er einfach und bescheiden,
So wird die Erde ihn mit ihrem Überfluss beschenken.
Ist er zufrieden mit seiner Dummheit
Und lobpreist die Tugenden anderer,
Dann werden ihm die Weisen als Ratgeber dienen.
Das Tiefland wird von Myriaden von Dingen belebt,
Und der Leere gibt das Reich seine Geschenke preis.

Huainanzi, Buch 9: »The Art of Rulership«;
siehe R. Ames, S. 178

Der Weg des Herrschers besteht darin, seine Persönlichkeit zu entwickeln, indem er in ruhiger Gelassenheit verweilt und seine Untertanen in Einfachheit und Bescheidenheit führt. Seine Ruhe bringt dem Volk keine Störung; seine Einfachheit gibt dem Volk keinen Grund zur Klage. Eine Störung seines Volkes würde politische Unordnung bedeuten; das Klagen seines Volkes würde bedeuten, dass er nicht großzügig gibt. Wo politische Unordnung herrscht, werden die Menschen mit überlegenem Charakter ihren Rat nicht anbieten; und wo die Gaben des Herrschers nicht großzügig sind, werden die Mutigen nicht für ihn sterben wollen.

Huainanzi, Buch 9: »The Art of Rulership«;
siehe R. Ames, S. 186

Der Kluge überlässt die Verantwortung anderen. So nimmt seine Kraft im Alter nicht ab und er fällt nicht der Verwirrung anheim, wenn sein Wissen ihn im Stich lässt. Das Schwierige daran, einen Staat zu regieren, liegt also darin, die Klugheit zu erkennen, statt selbst klug zu sein.

Liezi 8: »Explaining Conjunctions«;
siehe A. C. Graham, S. 161

KÖNIG ZHUANG VON Chu fragte Zhan He:

»Wie soll ich meinen Staat in Ordnung bringen?«

»Dein Diener weiß wohl, wie man sein eigenes Leben in Ordnung bringt, aber nicht wie man den Staat in Ordnung bringt.«

»Ich habe die Schreine meiner königlichen Vorfahren und die Altäre des Staates geerbt. Ich will lernen, wie ich sie erhalten kann.«

»Dein Diener hat nie von einem Prinzen gehört, dessen Leben in Ordnung, dessen Staat jedoch in Aufruhr war, und auch nicht von einem, dessen Leben in Aufruhr, dessen Staat jedoch in Ordnung war. Die Wurzel liegt also darin, wie du dich selbst regierst; ich würde es nicht wagen, dir eine Antwort zu geben, indem ich dir von Zweigspitzen erzähle.«

»Gut!«, sagte der König von Chu.

Liezi 8: »Explaining Conjunctions«;
siehe A. C. Graham, S. 170–171

Ein Geschenk für den Herrscher

Wenn ein Herrscher den Thron besteigt und Würdenträger in ihr Amt eingeführt werden, erhalten sie so manch wertvolles Geschenk, wie zum Beispiel Jade und Kriegswagen. Doch ein bestimmtes Geschenk ist mehr wert als alles andere.

Wenn der Sohn des Himmels [der Kaiser] den Thron
besteigt
Oder wenn die drei Minister ihr Amt übernehmen,
Werden ihnen zwar Tafeln aus Jade überreicht
Und auch Pferdegespanne,
Doch besser wäre es, sich vor sie hinzuknien
und ihnen das Tao darzubieten.

Tao Te King 62

常

Es gibt auch schlechte Regierungen!

Herrscher werden verführt durch ihre Machtgier und das Verlangen nach Reichtum. Wenn sie nicht einfach und sparsam leben, wird das Volk arm sein und leiden.

Die Höfe werden gut in Schuss gehalten,
doch die Felder sind bedeckt von Unkraut
und die Kornkammern sind leer.
Sie [die Herrscher] kleiden sich in farbenprächtige Seide,
sie tragen scharfe Schwerter,
sind satt von all dem guten Speis und Trank;
Wohlstand und Reichtum sind im Überfluss vorhanden.
Das nennt man Raub und Prahlerei.
Mit dem Tao hat es nichts gemein!

Tao Te King 53

HUNGER LEIDET DAS Volk, denn die Herrscher essen zu viel von den Getreideabgaben auf.
Deshalb muss das Volk hungern.
Schwer zu regieren ist das Volk, denn die Herrscher mischen sich zu oft [störend] ein.
Deshalb ist das Volk schwer zu regieren.
Leicht findet das Volk den Tod, denn die Herrscher lieben das Leben zu sehr.
Deshalb findet das Volk leicht den Tod.
Nur wer ›nicht handelt‹, um zu leben, schätzt den wahren Wert des Lebens.

Tao Te King 75

HAT DER HERRSCHER eine Vorliebe für Raubvögel und wilde Tiere, seltene und exotische Dinge, ist er ängstlich und erregt, achtet er nicht darauf, die Kräfte seines Volkes nicht zu vergeuden, liebt er die Pferde und die Jagd auf dem freien Feld, wann immer er dies wünscht – dann herrscht Unordnung im Erfüllen der bürokratischen Pflichten, und trotz harter Arbeit gibt es keinen materiellen Wohlstand; elend und verzweifelt ist das Volk, es kümmert sich niemand um seinen Lebensunterhalt. Erfreut sich der Herrscher an hohen Pavillions, tiefen Teichen, schmückenden Skulpturen und Schnitzereien, farbenprächtigen Mustern, feinem Linnen und besticktem Tuch, kostbaren Edelsteinen und Juwelen – dann steigen seine Steuern in unermessliche Höhen, und die Kräfte des gemeinen Volkes werden vollständig erschöpft.

Huainanzi, Buch 9: »The Art of Rulership«;
siehe R. Ames, S. 186–187

Militärstrategie

Im alten China war die Kriegsführung ein beliebtes ›Hobby‹ der Regierenden; die Anlässe für einen Krieg waren oft sehr fadenscheinig. Die Taoisten allerdings waren gegen den Krieg und billigten ihn nur im Falle eines Angriffes von außen. Selbst dann sollte nur mit Bedauern getötet werden. Ein Sieg im Krieg wurde als eine Art Trauerfeier angesehen.

Wer den Herrschenden mit dem Tao dienen will,
Unterwirft das Land nicht durch den Einsatz von Armeen.
Militärische Gewalt führt leicht zu Rachefeldzügen.
Wo auch immer Armeen sind, wachsen Disteln und Dornen.
Auf Kriegsjahre folgen sicher Hungerjahre.
Ein guter [General] erfüllt seine Aufgabe und geht;
Er erfüllt seine Mission, aber er prahlt nicht damit.
Er erfüllt seine Mission, aber er rühmt sich nicht damit.
Er erfüllt seine Mission, aber sie erfüllt ihn nicht mit Stolz.
Er erfüllt seine Mission, aber er tut dies mit Widerwillen.
Er erfüllt seine Mission, aber er übt keinen Zwang aus.

Tao Te King 30

Gute Waffen bringen Unheil,
verabscheut werden sie von vielen.
Ein Mann des Tao wird sie nicht mögen ...
Waffen bringen Unheil,
sie sind nicht die Werkzeuge eines guten Prinzen.
Er wird sich ihrer nur mit Widerwillen bedienen ...
Wer den Sieg rühmt, findet Gefallen am Abschlachten von Menschen.
Wer Gefallen daran findet, Menschen abzuschlachten, wird seine Pläne im Land nicht umsetzen können ...
Da so viele im Krieg ihr Leben verloren haben,
sollte man Tränen des Kummers und der Trauer vergießen.
Beim Feiern des Sieges sollte jemand die Menschen wie in einem Trauerzug aufstellen.

Tao Te King 31

常

Herrscht das Tao im Land,
so werden die Pferde aus der Armee abgezogen, um ihren Dung zu sammeln.
Herrscht das Tao nicht im Land,
so werden Kriegsrösser in den Vorstädten gezüchtet.

Tao Te King 46

Mit mitfühlender Liebe im Kampf
erringt man den Sieg.
In der Verteidigung gilt es durchzuhalten.
Will der Himmel jemanden retten, so schützt er ihn mit der Kraft des Mitgefühls.

Tao Te King 67

Ein guter Führer zeigt keine Angriffslust.
Ein guter Krieger zeigt keinen Zorn.
Ein guter Sieger sucht nicht den Wettstreit.
Ein guter Herr stellt sich unter die anderen.
Das ist die Kraft des Nicht-Kämpfens.

Tao Te King 68

EIN ALTER STRATEGE hat einmal gesagt:
»Ich wage es nicht, der Angreifer zu sein, lieber bin ich der Verteidiger;
ich wage es nicht, einen Zentimeter weiter vorzurücken, lieber ziehe ich mich einen Fuß zurück.« ...
Es gibt kein größeres Unheil, als seinen Feind zu unterschätzen ...
Wenn Arme sich heben, um sich aufeinander zu stürzen,
ist der Sieg denen beschieden, die Mitleid zeigen.

Tao Te King 69

WER DEN MUT hat, aus Verzweiflung ein
Wagnis einzugehen, wird getötet werden.
Wer den Mut hat, in seiner Verzweiflung kein
Wagnis einzugehen, wird leben.

Tao Te King 73

Wuwei: Das Prinzip des Nicht-Tuns

Einer der größten Widersprüche im frühen taoistischen Gedankengut ist der Begriff des Wuwei, *was wörtlich so viel wie ›Nicht-Tun‹ bedeutet. Es besagt nicht, dass eine Regierung gar nichts tun soll, sondern vielmehr, dass sie sich so wenig wie möglich in das Leben ihrer Untertanen einmischen sollte. Das Volk soll die Initiative selbst ergreifen, dann wird die Gesellschaft reibungslos funktionieren. Einmischung schadet der Produktivität, erzeugt Unruhe und kann sogar zur offenen Rebellion führen.*

In praktischer Hinsicht spielt das Prinzip des Wuwei *auch im täglichen Leben der Menschen eine Rolle. Hier bedeutet es so viel wie andere in Ruhe zu lassen, sie nicht dazu zu zwingen, gegen ihre eigene Überzeugung zu denken und zu handeln, keine Ansprüche an sie zu stellen oder für einen Dienst keine Belohnung zu erwarten.* Wuwei *impliziert auch, dass man niemanden besitzen kann, nicht einmal ganz nahestehende Menschen. Liebe muss ein Geschenk sein; man kann sie nicht einfordern.*

Die enorme Reichhaltigkeit des Wuwei-*Prinzips ist erstaunlich; auf unendliche Weise kann es im täglichen Leben Anwendung finden.*

Nur wenige Menschen unter dem Himmel vermögen es,
im Prinzip der Belehrung ohne Worte völlig aufzugehen
und die Vorteile des Nicht-Tuns zu erreichen.

Tao Te King 43

Das Streben des Lernens besteht darin, sich jeden Tag zu mehren.
Das Streben des Tao besteht darin, jeden Tag weniger zu werden.
Weniger und immer weniger, bis man schließlich zum Nicht-Tun gelangt.
Nichts wird getan, und doch bleibt nichts ungetan.
Durch ständiges Nicht-Tun gewinnt man das Land.
Lässt man sich aber ein auf das Tun, dann ist man es nicht wert, das Land zu gewinnen.

Tao Te King 48

Handle ohne zu handeln.
Tue ohne zu tun.
Schmecke ohne zu schmecken.
Mach größer das Kleine,
Vermehre das Wenige.
Begegne der Abneigung mit Freundlichkeit.
Plane das Schwierige, wenn es noch einfach ist.
Tue Großes, wenn es noch klein ist.
Deshalb vollbringt der Weise keine großen Taten,
Und vermag so Größe zu erlangen.

Tao Te King 63

GEWINNE DAS LAND durch Nicht-Tun ...
Deshalb sagt der Weise:
Ich tue nichts, und das Volk wandelt sich von selbst.
Ich liebe die Ruhe, und das Volk bringt sich selbst zur Ordnung.
Ich kümmere mich nicht um Geldangelegenheiten, und das Volk kommt aus eigener Kraft zu Wohlstand.
Ich begehre nichts, und das Volk findet selbst zu seiner Ganzheit.

Tao Te King 57

WILL JEMAND DAS Land an sich reißen und Hand an es legen,
So sehe ich: Kein Erfolg wird ihm beschieden sein.
Das Land ist heilig. Man kann nicht Hand an es legen.
Legt man Hand an das Land, dann wird es der Zerstörung anheim fallen.
Es an sich zu reißen führt zum Verlust.

Tao Te King 29

ES WIRD ERZÄHLT, dass die Hüter der Welt in alten Zeiten ohne Begierde waren, und die Welt war zufrieden, ohne Handeln, und die zehntausend Dinge wurden verwandelt. Sie waren tief und still und die hundert Familien lebten in Frieden.

Zhuangzi 12: »Heaven and Earth«; siehe B. Watson, S. 127

Es gibt viele Interpretationen des Wuwei. *Jede von ihnen enthält einige Aspekte, doch nur sehr selten wurden alle mit einbezogen. Hier nun eine dieser Interpretationen: der perfekte Mensch.*

ER VERWEILT IN der Gesellschaft, doch er handelt nicht aus Motiven, die gewöhnliche Menschen zum Kampf um Reichtum, Ruhm, Erfolg oder Sicherheit verleiten. Er verharrt in einem Zustand des *Wuwei* oder des Nicht-Tuns, ... in einer Art des Handelns, die nicht auf den zweckgerichteten Motiven der Gewinnsucht und des Begehrens basiert. In einem solchen Zustand wird jegliches menschliche Handeln so spontan und unüberlegt wie das Handeln der Natur.

B. Watson, S. 6

Im Zhuangzi *und im* Liezi *wird oft die Analogie zum Handwerker oder Künstler verwendet, um diese Lebensweise darzustellen.*

DER HOLZARBEITER QING schnitzte an einem Stück Holz und machte daraus einen Glockenstand. Als er damit fertig war, wurde ihm viel Bewunderung zuteil, denn es schien, als sei seine Arbeit die von Göttern oder Geistern. Als der Markgraf von Lu das Werk erblickte, fragte er: »Welcher Art von Kunst bist du mächtig?«

Qing erwiderte: »Ich bin nur ein Handwerker – wie sollte ich ein Künstler sein? Aber dennoch, wenn ich einen Glockenstand mache, lasse ich niemals zu, dass meine Energie dabei völlig erschöpft wird. Ich faste dann jedes Mal, um meinen Geist zur Ruhe zu bringen. Nach dreitägigem Fasten verschwende ich keinerlei Gedanken mehr an Glückwünsche und Belohnung, an Titel und Bezahlung. Nach fünftägigem Fasten ist in meinen Gedanken keinerlei Lob oder Tadel mehr und nicht ein Gedanke an Geschicklichkeit oder Unbeholfenheit. Und nach siebentägigem Fasten bin ich so still, dass ich darüber vergesse, dass ich vier Gliedmaßen, eine materielle Form und einen Körper habe. Dann gibt es für mich weder Herrscher noch Königshof. Meine Fertigkeiten sind konzentriert und jede Ablenkung von außen verblasst. Dann gehe ich in den Bergwald und untersuche die Himmlische Natur der Bäume. Wenn ich einen von überragender Form finde und ich darin einen Glockenstand sehen kann, dann fange ich mit dem

Schnitzen an. Wenn nicht, dann lasse ich es sein. Und so bringe ich einfach nur ›Himmel‹ und ›Himmel‹ zusammen. Darum fragen sich die Menschen wohl, ob meine Schnitzerei nicht von Geistern gefertigt wurde.«

Zhuangzi 19: »Mastering Life«; siehe B. Watson, S. 205–206

Wenn jemand von höchsten Motiven dazu verleitet wird, selbstsüchtig zu handeln, dann ist ihm wohl kein Erfolg beschieden. Die Geschichte von den Seemöven spricht für sich:

ES WAR EINMAL ein Mann, der an der Meeresküste lebte. Er liebte die Seemöven. Jeden Morgen ging er hinunter ans Meer, um mit den Möven umherzustreifen. Zu ihm kamen Hunderte von Vögeln. Sein Vater sagte zu ihm:

»Ich habe gehört, dass alle Seemöven zu dir kommen, um mit dir umherzustreifen. Bring mir doch ein paar, mit denen auch ich spielen kann.«

Als der Mann am nächsten Tag zum Strand hinunterging, tanzten die Möven über ihm am Himmel, aber sie kamen nicht herunter.

Und so steht geschrieben: »Das höchste in der Sprache ist, keine Sprache mehr zu haben; das höchste Tun ist das Nicht-Tun.«

Liezi 2: »The Yellow Emperor«; siehe A. C. Graham, S. 45–46

In Joseph Needhams Monumentalwerk Science and Civilization in China *ist eine weitere Interpretation des* Wuwei *zu finden als:*

NICHT ZU HANDELN wider die Natur, also nicht damit fortzufahren, gegen den Lauf der Dinge zu handeln; nicht zu versuchen, Materialien so zu gestalten, dass sie eine Funktion erfüllen, für die sie nicht geeignet sind; in menschlichen Angelegenheiten keine Gewalt anzuwenden, wenn der Einsichtige sehen könnte, dass einer Angelegenheit kein Erfolg beschieden sein kann; und dass das erwünschte Ergebnis erreicht werden könnte, wenn man den Dingen einfach ihren Lauf lässt.

J. Needham, Band II, S. 68

Er zitiert aus dem Huainanzi, *um folgenden Punkt zu veranschaulichen:*

MANCHE MÖGEN BEHAUPTEN, dass der Mensch, der im Geiste des *Wuwei* handelt, voller ruhiger Gelassenheit und ohne Worte ist; oder ein Mensch der Meditation und ohne Bewegung; nicht kommt er, wenn nach ihm gerufen wird, und mit Gewalt kann man ihn nicht dazu bringen. Solch ein Verhalten, so wird vermutet, ist das Auftreten eines Menschen, der das Tao erlangt hat. Ich kann einer solchen Interpretation des Tao nicht zustimmen. Nie habe ich von irgendeinem Weisen jemals eine derartige Erklärung gehört ...

Die Struktur der Erde bringt das Wasser dazu, gen Osten zu fließen, und doch muss der Mensch Kanäle anlegen, in denen es fließt. Das Getreide sprießt im Frühling, und doch ist menschliche Arbeit von Nöten, damit es wächst und heranreift. Wenn alles der Natur überlassen wäre, wenn der Mensch sich nicht um Geburt und Wachstum bemühte, hätten Kun und Yü [alte Weise] keine Verdienste errungen, und das Wissen von Hou Ji [Herr des Getreides, alter Bauernheld] wäre nicht angewendet worden. Meiner Ansicht nach ist also mit *Wuwei* Folgendes gemeint: dass keinerlei persönliche Voreingenommenheit sich einmischt in das Universum, dass keinerlei Begierden und Leidenschaften den natürlichen Lauf von Fertigkeiten in die Irre leiten. Vernunft muss der Führer jeglichen Handelns sein, damit Macht in Einklang mit den wahren Eigenschaften und den natürlichen Anlagen der Dinge ausgeübt wird ...

In all ihren Methoden des Handelns folgen die Weisen der Natur der Dinge.

J. Needham, Band II, S. 68–69

Zusammenfassend sagt Needham:

PFLANZEN GEDEIHEN AM besten, wenn der Mensch sich nicht einmischt; der Mensch gedeiht am besten, wenn der Staat sich nicht einmischt.

J. Needham, Band II, S. 70

Im Gegensatz zu dem, was alle Welt denkt, besteht wahres Glück darin, nicht zu handeln. Das ist schwer zu verstehen und zu akzeptieren; man muss ein Weiser sein, um dies annehmen und praktizieren zu können. Allerdings darf man darüber nicht vergessen, dass ›Nicht-Tun‹ nicht bedeutet, ›nichts zu tun‹!

GIBT ES AUF der Welt so etwas wie vollkommenes Glück oder nicht? Gibt es eine Möglichkeit, am Leben zu bleiben oder nicht? ...

Das, was der gewöhnliche Mensch tut und was er unter Glück versteht – ich weiß nicht, ob ein solches Glück letztendlich echtes Glück ist oder nicht. Ich werfe einen Blick auf das ›Glück‹ des gemeinen Volkes, das wonach alle verrückt sind, dem sie nachrennen, als ob sie nicht davon ablassen könnten – alle sagen, sie sind damit glücklich. Ich aber bin nicht damit glücklich und ich bin damit auch nicht unglücklich. Gibt es letztendlich wahres Glück oder nicht?

Für mich ist Nicht-Handeln wahres Glück, doch das gemeine Volk hält dies für etwas Bitteres. Ich sage euch: Vollkommenes Glück weiß nichts von Glück, vollkommener Lobpreis kennt keinen Lobpreis. Die Welt kann sich nicht entscheiden, was recht und was unrecht ist. Und doch kann Nicht-Handeln diese Entscheidung treffen. Vollkommenes Glück, am Leben erhalten – nur Nicht-Handeln bringt uns das nahe.

Lasst es mich einmal so ausdrücken: Das Nicht-Handeln des Himmels ist seine Reinheit, das Nicht-Handeln der Erde ist ihr Friede. Beide Formen des Nicht-Handelns kommen zusammen und Alles wird transformiert und geboren. Geheimnisvoll, wunderbar und ohne Zeichen sind sie. Jedes Ding kümmert sich um seine eigenen Angelegenheiten und alles wächst heran aus dem Nicht-Handeln. Und so sage ich euch: Himmel und Erde tun nichts und es gibt nichts, was nicht getan wird. Wer von uns Menschen kann solches Nicht-Handeln erreichen?

Zhuangzi 18: »Perfect Happiness«;
siehe B. Watson, S. 190–191

Mystisches Funkeln

MYSTISCHES FUNKELN

Das Tao Te King *wurde eigentlich geschrieben, um die Herrschenden zu einer korrekten Form des Regierens anzuleiten. Doch der Text hat ganz eindeutig mystische Züge. Ein guter Herrscher muss eingestimmt sein auf das Tao oder – noch besser – eins sein mit dem Tao; dies wird erreicht durch das Ruhen der Sinne und tiefe Kontemplation.*

Das Zhuangzi *vertritt nicht das gleiche Ideal: Ein wahrer Weiser kehrt dem Regieren den Rücken, verbringt lieber ein »nutzloses« Dasein und zieht in völliger Transzendenz in die Welt der gewöhnlichen Menschen hinaus. Der ›wahre Mensch‹ des* Zhuangzi *ist idealerweise ein Mystiker, der Einsicht gewonnen hat in die Realität des Tao und sich einer völligen Freiheit von allen Zwängen erfreut, die über jedes menschliche Verstehen hinausgeht.*

Die beiden Lebenskräfte (›Seelen‹) zusammenhalten,
kann man so ihre Trennung umgehen?
Sich auf das *Qi* konzentrieren und Kraftlosigkeit erlangen,
kann man so den Makel beseitigen?
Die Schau (Spiegel) des Mystischen reinigen,
kann man so werden wie ein Kind?
Das Volk lieben und das Land regieren,
kann man dabei das Nicht-Tun anwenden?

Die ›natürlichen‹ Tore öffnen und schließen,
kann man das ohne das Weibliche tun?
Das Universum verstehen,
kann man dabei unwissend bleiben?

Tao Te King 10

Erreiche vollkommene Leere,
bewahre höchste Ruhe.

Tao Te King 16

Versperre alle Öffnungen,
schließe alle Tore.
Und bis an dein Lebensende
wird dich die Kraft nicht verlassen.

Mach auf die Öffnungen,
werde aktiv.
Und bis an dein Lebensende
wird nichts dir von Nutzen sein.

Tao Te King 52

Nutze das Licht,
Kehre zu seiner Helligkeit zurück.
Setz dich keiner Gefahr aus.
So wird sich das Beständige entwickeln.

Tao Te King 52

Mach stumpf die Schärfe.
Entwirre die Knoten.
Sei im Einklang mit dem Licht.
Werde eins mit der staubigen Welt.
Das ist die geheimnisvolle Prägung.

Tao Te King 4

Das Wesen des Vollkommenen Weges [sagte Meister Guang zum Gelben Kaiser] ist tiefgründig und dunkel verhüllt; das äußerste Ende des Perfekten Weges ist geheimnisvoll und hüllt sich in Schweigen. Nichts soll zu sehen oder zu hören sein; lass Ruhe in deinen Geist einziehen, und dein Körper wird sich aufrichten. Sei still und rein, erschöpfe deinen Körper nicht, wühle deinen Wesenskern nicht auf, dann ist dir ein langes Leben beschieden ...

All die hundert Kreaturen, die wachsen und gedeihen, sind aus Staub geboren und kehren zum Staub zurück. Auch ich werde dich so verlassen und durch das Tor des Unerschöpflichen treten und durch endlose Felder schreiten und eine Dreiheit bilden mit dem Licht von Sonne und Mond, werde teilhaben an der Beständigkeit von Himmel und Erde. Ich vermische mich mit dem, was vor mir steht. Ich lasse das im Dunklen, was weit von mir entfernt ist. Alle anderen Menschen werden sterben; ich allein werde überleben!

Zhuangzi 11: »Let it Be, Leave it Alone«;
siehe B. Watson, S. 117–120

妙

STILL IST DER Weise, nicht weil er Stille für etwas Gutes hält und aus diesem Grund still ist. Die zehntausend Dinge reichen nicht aus, um seinen Geist abzulenken – das ist der Grund für seine innere Stille. Stillstehendes Wasser spiegelt ein klares Bild von Bart und Augenbrauen wider; auf dem Wasser ruhend, ist es das Maß für den großen Zimmermann. Und wenn Wasser in seiner Stille eine solche Klarheit hat, um wie viel klarer muss dann der reine Geist sein. Der Geist des Weisen in Stille ist der Spiegel von Himmel und Erde, das Glas der zehntausend Dinge.

Leere, Stille, Gelassenheit, Schweigen und Nicht-Tun – das ist das Reich von Himmel und Erde, das Wesen des Weges und seine Tugend. Deshalb ruhen der Kaiser, der König und der Weise in ihnen. Ruhend können sie leer sein; in der Leere können sie voll sein; und Vollsein ist Vollendung! ...

In der Stille wirst du ein Weiser sein, im Tun ein König.

Zhuangzi 13: »The Way of Heaven«;
siehe B. Watson, S. 142–143

DU MUSST NUR ruhen [sagte Urnebel zu Wolkenfürst] im Nicht-Tun und die Dinge werden sich wandeln. Zerschmettere deine Form und deinen Körper, spucke aus Ohren und Augen. Vergiss, dass du ein Ding unter anderen Dingen bist, und du kannst Teil der großen Einheit mit dem Tiefen und Grenzenlosen werden. Löse den Verstand auf, streife den Geist ab, sei leer und seelenlos, und die zehntausend Dinge werden eins nach dem anderen zur Wurzel zurückkehren.

Zhuangzi 11: »Let it Be, Leave it Alone«;
siehe B. Watson, S. 122

In einem Gespräch zwischen Konfuzius und seinem Schüler Yan Hui verwandelt der taoistische Autor Konfuzius spöttelnd in einen taoistischen Heiligen. Nach einer langen Diskussion kommt Konfuzius zu dem Schluss, dass Yan Hui dem König nur dann ein guter Berater sein kann, wenn er ›im Geiste fastet‹, was mehr ist als gewöhnliches Fasten.

DARF ICH DICH fragen, was das ist, das Fasten im Geiste?« Konfuzius sagte: »Lass deinen Willen zu einer Einheit werden! Lausche nicht mit den Ohren, sondern mit dem Verstand. Nein, nicht mit dem Verstand sollst du lauschen, sondern mit dem Geist. Das Lauschen nimmt ein Ende mit den Ohren, der Verstand hört auf, wenn er erkennt, doch der Geist ist leer und wartet auf Alles. Nur in der Leere sammelt sich der Weg. Leere ist das Fasten im Geiste.«

Zhuangzi 4: »In the World of Men«;
siehe B. Watson, S. 57–58

Der konkrete Ausdruck mystischer Verzückung ist in taoistischen Texten nur sehr selten zu finden. Auf ein eindrucksvolles Beispiel stoßen wir im Zhuangzi*: Darin wird der allmähliche Prozess beschrieben, wie die Welt und selbst die eigene Person transzendiert werden. Eine Frau namens »Krummer Rücken« erläutert ihre Versuche, einen Weisen aus jemandem zu machen, in dem sie »die Talente eines Weisen« erkannte. (Der Text wird frei wiedergegeben.)*

ZUNÄCHST (NACH DREI Tagen) konnte er aus sich selbst heraus die Welt erschaffen;
Dann (nach sieben Tagen) konnte er Dinge aus sich selbst heraus erschaffen;
Danach (nach neun Tagen) konnte er Leben aus sich selbst heraus erschaffen;
Und dann konnte er den Glanz der Morgendämmerung erschaffen;
Dann konnte er erkennen, dass er allein war;
Dann konnte er sich seiner Vergangenheit und Gegenwart entledigen.
Und schließlich konnte er da eintreten, wo es weder Tod noch Leben gibt.

Zhuangzi 6: »The Great and Venerable Teacher«;
siehe B. Watson, 82–83

Spirituelles Wachstum

Das Thema der spirituellen Entwicklung dürfte dasjenige sein, dem das gemeinsame Interesse in allen taoistischen Texten gilt, in philosophischen wie in religiösen. Ein praktizierender Taoist gibt sich große Mühe, sich durch Kontrolle über seine Sinne, innere Meditationen und Visualisierungen, eine geeignete Form der Ernährung, Körperübungen, Einhaltung ethischer Vorschriften und – in geringem Umfang – auch durch alchemistische Experimente spirituell weiterzuentwickeln und – wenn er Anhänger der religiösen Ausrichtung ist – Langlebigkeit und Unsterblichkeit zu erreichen.

In den ersten taoistischen Texten wird all jenen, die ihrem Land ein guter Herrscher sein wollen, empfohlen, sich um spirituelles Wachstum zu bemühen. Im Zhuangzi *ist Spiritualität gewissermaßen ein Selbstzweck und führt zu Vollkommenheit und Glück sowie zur Befreiung von allen Zwängen.*

Wie nicht anders zu erwarten ist, gibt es hier auch Überschneidungen mit anderen Themen.

Der Weg – das ist, worüber der Mund nicht sprechen kann,
Was die Augen nicht sehen
Und die Ohren nicht hören können.
Der Weg – das ist das, wodurch der Geist entwickelt und wonach der Körper ausgerichtet wird.

Der Weg – das ist das, was ein Mensch verliert und dadurch stirbt,
Was ein Mensch gewinnt und so geboren wird.
Geht bei Unternehmungen der Weg verloren, so werden sie misslingen;
Finden sie den Weg, so werden sie von Erfolg gekrönt sein ...
Aus ihm entstehen die Myriaden von Dingen,
Durch ihn entfalten sie sich.
Wir nennen das ›den Weg‹.

Guanzi, »Neiye«;
übersetzt von H. Roth, in D. Lopez, S. 130

WENN DU DEINE Lebenskräfte zusammenziehst, als wären sie vom göttlichen Geist beseelt,
werden all die Myriaden von Dingen in dir enthalten sein.
Kannst du dich konzentrieren? Kannst du [dein Bewusstsein] eins werden lassen?
Kannst du Glück und Unglück erfahren, ohne in der Wahrsagerei Zuflucht zu suchen?

Kannst du aufhören? Kannst du innehalten?
Kannst du aufhören, außen danach zu suchen, sondern es in dir erreichen? ...
Du denkst, und doch kannst du es nicht durchdringen.

Das Teuflische und das Göttliche in dir werden es durchdringen.
Wenn deine vier Gliedmaßen gut ausgerichtet sind und das Blut und deine Lebenskraft sich in Ruhe befinden,
Dann lass dein Bewusstsein eins werden, konzentriere den Geist,
und Augen und Ohren werden nicht zu vielen Reizen ausgesetzt sein.

Guanzi, »Neiye«;
übersetzt von H. Roth, in D. Lopez, S. 132–133

Der Himmel, sagt man, ist leer,
Die Erde, sagt man, ist ruhig.
Und so leisten sie keinen Verzicht.
Säubere ihr Reich.
Öffne ihre Türen.
Gib die Selbstsucht auf,
Vermeide das Sprechen.
Dann wird das göttliche Licht wie Wirklichkeit sein.
In der Verwirrung erscheint er (der Verstand) dir chaotisch.
Bring ihn zur Ruhe, und er wird zu seiner natürlichen Ordnung finden.

Guanzi, »Xinshu«;
übersetzt von H. Roth, in D. Lopez, S. 136

Glück und Zorn sind ein Abkommen vom Weg.
Sorge und Trauer sind ein Straucheln der inneren Kraft.
Vorlieben und Abneigungen sind Abschweifungen des Geistes.
Lust und Begehren sind die Fesseln der eigenen Natur.
In einem Menschen:
Schadet großer Zorn dem Yin.
Lässt große Freude das Yang zusammenbrechen.
Führt eine schwache Lebenskraft zu Dummheit.
Führen Schock und Furcht zu Verrücktheit.
Wenn Sorge, Trauer und Zorn im Überfluss vorhanden sind,
Entsteht Krankheit.
Wenn Vorlieben und Abneigungen im Überfluss vorhanden sind,
Folgt ein Missgeschick auf das andere.
Daher gilt:
Wenn den Geist nicht Sorgen trüben und nicht Freuden,
So ist das die Vollkommenheit der inneren Kraft.
Wenn er in sich vertieft ist und nicht schwankt,
So ist das die vollkommene Ruhe.
Wenn er nicht von Lust und Begierde erfüllt ist,
So ist das die vollendete Leere.
Wenn es nichts gibt, was er liebt oder hasst,
So ist das der vollkommene Gleichmut.

Wenn er durch äußere Dinge nicht in Verwirrung gestürzt
wird,
So ist das die vollkommene Reinheit.
Diejenigen, die diese Fünf praktizieren können,
Werden aufgenommen in das göttliche Licht.
Diejenigen, die aufgehen im heiligen Licht,
Sind diejenigen, die das verwirklichen, was in ihnen ist.

Guanzi, »Xinshu«;
übersetzt von H. Roth, in D. Lopez, S. 138

STILLE UND GLEICHMUT, Gelassenheit und Ruhe
Sind das, womit wir unsere Natur nähren.
Harmonie und Erhabenheit, Leere und das Nichts,
Wenn das Äußere das Innere nicht in Verwirrung bringt,
Sind das, womit wir unsere innere Kraft nähren.
Dann wird unsere Natur das erlangen, was für sie geeignet
ist.
Wenn deine eigene Natur sich nicht von dieser Harmonie
entfernt,
Dann ist dir die innere Kraft gewiss.
Die Natur zu nähren und so die eigene Entwicklung zu
durchlaufen,

Die innere Kraft anzunehmen und damit seine Jahre zu überdauern,
Das kann ›fähig sein, den Weg zu verkörpern‹ genannt werden.

Guanzi, »Xinshu«;
übersetzt von H. Roth, D. Lopez, S. 140–141

Oft betonen die taoistischen Meister – vom Guanzi *über das* Tao Te King *zum* Zhuangzi –, *wie wichtig die Kontrolle der Sinne, der eigenen Leidenschaften und Emotionen ist. Das Fehlen dieser Kontrolle ist für das spirituelle Wachstum eine Katastrophe.*

WENN BRUST UND Bauch gefüllt sind,
Wenn Lust und Begierden ausgelöscht sind,
Dann sind Ohren und Augen klar,
Gehör und Augenlicht sind scharf.
Wenn Ohren und Augen klar
Und Gehör und Augenlicht scharf sind –
Dann ist da, was wir ›Erleuchtung‹ nennen.

Guanzi, »Xinshu«;
übersetzt von H. Roth, in D. Lopez, S. 142

Nun sind die Sinnesöffnungen
Und die Lebenskraft und die Aufmerksamkeit
Die Tore für die göttliche Kraft.
Und die Lebenskraft und Aufmerksamkeit
Sind die Diener der Fünf Inneren Organe.
Wenn Augen und Ohren
Verlockt werden von den Freuden der Klänge und Farben,
Dann schwanken die Fünf Inneren Organe, und wir sind nicht im Gleichgewicht.
Wenn die Fünf Organe schwanken und nicht im Gleichgewicht sind,
Dann sind das Blut und die Lebenskraft aufgewühlt und sind nicht in Ruhe.
Wenn das Blut und die Lebenskraft aufgewühlt und nicht in Ruhe sind,
Dann läuft die göttliche Kraft [zu Augen und Ohren] heraus und bleibt nicht erhalten ...
Doch wenn du:
Deine Ohren und Augen völlig klar und tief durchdringend machst,
Und sie nicht durch äußere Dinge verführen lässt,
Deine Lebenskraft und Aufmerksamkeit leer machst,
völlig ruhig, still und gelassen,
Wenn du Lust und Begierden auslöschst;

Wenn deine Fünf Inneren Organe im Gleichgewicht,
in Ruhe, gefüllt und voll sind,
Wenn du ihre Lebenskräfte nicht entweichen lässt;
Wenn deine göttliche Kraft in deinem Körper bleibt,
und du sie nicht herausfließen lässt:
Dann vermagst du über vergangene Generationen
und über zukünftige Ereignisse hinaus zu schauen.

Guanzi, »Xinshu«;
übersetzt von H. Roth, in D. Lopez, S. 143–144

Die Gefahr des Kontrollverlusts über die Sinne wird in einer Passage im Guanzi *auf ähnliche Weise beschrieben wie in einem Kapitel des* Tao Te King, *was möglicherweise auf den Einfluss des* Guanzi *auf das* Tao Te King *schließen lässt.*

Die fünf Farben stören die Augen
Und lassen sie unklar werden;
Die fünf Klänge verwirren die Ohren
Und lassen sie ungenau hören;
Die fünf Geschmäcker stören den Mund,
Dadurch verliert er den Geschmackssinn;
Vorlieben verwirren den Verstand
Und bringen ihn zum Flattern [von einem Ding zum
nächsten] ...

Und daher wird gesagt:
Lust und Begierden
Zerstreuen die Lebenskraft.
Liebe und Hass
Setzen dem Verstand zu.

Guanzi, »Xinshu«;
übersetzt von H. Roth, in D. Lopez, S. 144

DIEJENIGEN, DIE WIR »die Wahren« nennen, sind Menschen, deren Natur mit dem Weg verbunden ist. Deshalb:
Sie haben ihn und doch scheinen sie nichts zu haben;
Sie sind von ihm erfüllt, und doch scheinen sie leer zu sein.
Sie ruhen in diesem Einssein
Und wissen nicht um die Trennung.
Sie konzentrieren sich auf das, was in Ihrem Inneren ist
Und beachten das Außen nicht.
Sie füllen die große Einfachheit mit ihrem Licht aus
Und kehren zum Unbekannten zurück, ohne zu handeln.
Sie spiegeln die Form des Grundlegenden wider
Und nehmen das Göttliche an
Und so wandern sie frei durch den Aufruhr von Himmel und Erde.
Entfesselt
Wandern sie außerhalb dieser staubigen Welt

Und inmitten von mühelosem Tun.
Ungefesselt und unbehindert
Hegen sie keinerlei eingebildete Klugheit in ihrem Geist ...
Ganz plötzlich kommen sie;
Und plötzlich gehen sie auch wieder.
In der Form wie verwittertes Holz,
Im Geist wie tote Asche
Vergessen sie ihre Fünf Organe,
Werfen ihre körperliche Gestalt ab,
Wissen, ohne zu lernen,
Sehen, ohne zu schauen.
Sie vollenden, ohne etwas zu tun,
Und sie nehmen wahr, ohne zu ordnen ...
Weit und leer, sind sie ruhig und unbekümmert ...
Sie ruhen in der Weite
Und ziehen durch das unbegrenzte Land ...
So kann ihre göttliche Kraft auf den Weg hinabsteigen.
Dies ist das Umherstreifen der Wahren Menschen.

Guanzi, »Xinshu«;
übersetzt von H. Roth, in D. Lopez, S. 146–148

Es ist erstaunlich, wie viele Elemente dieser frühen Texte im Zhuangzi *und im* Tao Te King *Anklang finden. So gibt es beispielsweise Hinweise auf die ›große Einfachheit‹* (Su) *und ›das Unbehauene‹* (Pu), *aber auch auf das ›verwitterte Holz‹ und die ›tote Asche‹. Das ›Umherwandern im unbegrenzten Land‹* ist *eines der Lieblingsthemen des* Zhuangzi*: Die höchste Freiheit kommt durch mystische Flucht zum Ausdruck.*

ZIQI VON DER Südlichen Mauer saß da, die Arme auf den Armlehnen seines Stuhls abgelegt, und starrte zum Himmel hoch, atmete – leer und ganz weit weg ... Yan, der wartend an seiner Seite stand, sagte: »Was ist das? Kannst du wirklich den Körper zu einem verwitterten Baum, den Geist zu toter Asche machen? Der Mann, der nun an der Armlehne seines Stuhls lehnt, ist nicht der Mann, der dort vorher lehnte.«

Zhuangzi 2: »The Equality of Things and Theories«;
siehe B. Watson, S. 36

虛

Die Ausdrücke ›verwittertes Holz‹ und ›tote Asche‹ werden als Hinweise auf einen Zustand der Verzückung oder mystischen Entrückung verstanden. Sie haben eine große Affinität zu einem anderen, viel verwendeten Ausdruck, ›sitz und vergiss‹, womit ein Zustand tiefer Meditation beschrieben wird. Ironischerweise berichtet ausgerechnet Yan, einer der Schüler des Konfuzius, von seiner Erfahrung. Zweimal erzählt er seinem Meister, dass er bereits besser geworden sei, doch Konfuzius sagt, er habe es noch immer nicht begriffen.

EINES TAGES TRAFEN sich die beiden Männer wieder, und Yan Hui sagte: »Ich werde besser.«

»Was meinst du damit?«

»Ich kann mich hinsetzen und alles vergessen!«

Konfuzius sah ihn ganz verblüfft an und fragte: »Was meinst du damit, dich hinsetzen und alles vergessen?«

Yan Hui sagte: »Ich zerschmettere meine Gliedmaßen und meinen Körper, vertreibe Sinneseindrücke und Intellekt, werfe alle Form von mir, entledige mich des Verstehens und mache mich eins mit der Großen Durchgangsstraße. Das meine ich damit, wenn ich sage, ich setze mich hin und vergesse alles.«

Zhuangzi 6: »The Great and Venerable Teacher«;
siehe B. Watson, S. 90

Meditation

In den vorangegangenen Texten sind immer wieder deutliche Hinweise auf Meditationstechniken zu finden. Im Laufe der Jahrhunderte haben sich in vielen taoistischen Schulen (eventuell unter buddhistischem Einfluss) wie im Buddhismus verschiedenste Meditationstechniken entwickelt. Die wohl am höchsten entwickelten Praktiken dieser Methoden stammen aus der Shangqing-Schule (Höchste Reinheit). Bei einer dieser Praktiken geht es um Konzentration und Visualisierung der ›Inneren Götter‹; mit ihrer Hilfe kann der Name des Adepten Eingang in das Register des Lebens finden.

Einer der wichtigsten Texte stammt von dem Tang-Meister Sima Chengzhen (647–735): Es ist der Diskurs über das Sitzen und Vergessen (Zuowanglun), *ein praktisches Lehrwerk über die Technik der Meditation. Es folgt eine kurze Zusammenfassung des Meditationsprozesses in sieben Stufen:*

- Achtung und Glaube fördern einen Geisteszustand, wie er zu Beginn erforderlich ist: Vertrauen in die Methode, Freisein von Zweifeln.
- Abwehr von Karma verdeutlicht die Notwendigkeit, sich aus dem gewöhnlichen Leben zurückzuziehen und alle Geschäfte außen vor zu lassen. Zumindest zeitweise muss der Geist frei sein von allen weltlichen Angelegenheiten und Belangen.
- Die Umkehr des Geistes lässt, wie es dringend erforderlich ist,

den Geist zur Ruhe kommen und führt zu einem Zustand ›blinder Konzentration‹. Nur so kann der Geist auf sein Ziel gerichtet werden, wie Ochsen und Pferde gezähmt und dann vom Menschen genutzt werden können.

- Die Loslösung von (weltlichen) Angelegenheiten geht sogar noch weiter; indem man die innere Trennung von der Gesellschaft und die vollkommene Loslösung von weltlichen Errungenschaften verfolgt.
- Wahres beobachten *(Zhenguan)* leitet die erste Phase der Meditation ein; dabei werden jedoch keine inneren Götter *(Guan)* visualisiert, sondern man konzentriert sich vielmehr auf die eigene Situation und versucht, sie in den Griff zu bekommen.
- Intensive Konzentration führt den Adepten zum ›ersten Pfeiler des Tao‹; was vollkommene innere Gelassenheit und ein ›himmlisches Licht‹, das nach außen erstrahlt, bedeutet (siehe L. Kohn, S. 37). Es ist wie Ruhe und Weisheit.
- Das Erkennen des Tao macht deutlich, wie der Geist nach und nach leer und eins wird mit der Wirklichkeit des Tao.

Zusammengefasst nach L. Kohn, 1987a, S. 35–38

Auch der Tang-Meister Sima Chengzhen spricht in seinem bereits erwähnten Werk Tianyinzi (Meister der Himmlischen Abgeschiedenheit) *vom ›Sitzen in völliger Vergessenheit‹* (Zuowang)*:*

DER ZUNEHMENDE EINKLANG der körperlichen Funktionen mit dem Tao führt letztlich zu einer vollkommenen Auflösung jedes davon getrennten Gefühls des Selbst. Man ›vergisst‹ sich selbst. Schon das *Zhuangzi* beschreibt diesen Zustand: ›Ich zerschmettere meine Gliedmaßen und meinen Körper [etc.].‹

Dem fügt Guo Xiang hinzu: ›... im Innern ist man sich seines persönlichen Körpers nicht bewusst, im Äußeren weiß man nie, dass es ein Universum gibt.‹ Der Zustand, in den man hier eintritt, ist ein Zustand der Entrückung. ›Der Körper ist wie verwittertes Holz, der Geist wie tote Asche. Es gibt keine Anreize mehr, kein Suchen, man hat vollkommene kontemplative Gelassenheit erreicht.‹

Tianyinzi; siehe L. Kohn, 1987b, S. 23

Wege zur Unsterblichkeit

Die beiden Tao-Meister Laozi und Zhuangzi verlieren keinen Gedanken an ein Leben nach dem Tod und sind auch keine Befürworter der Unsterblichkeit von Körper und Geist. Die taoistische Religion entwickelte dagegen, zumindest in klösterlichen Kreisen, sehr wohl Methoden, um ›unsterblich‹ zu werden. Diese beinhalteten rigorose Meditationspraktiken, Fasten und körperliche Übungen, aber auch die Einnahme von Drogen (wie der Pflanze der Unsterblichkeit, lebensverlängernder Elixiere etc.) sowie die Techniken der so genannten ›Inneren Alchemie‹, die die Energie und den Geist reinigen sollten.

Der Körper ist der Wohnraum des Geistes und der Energie. Solange Geist und Energie dort wohnen, ist der Körper gesund und stark. Sobald Geist und Energie sich zerstreuen, stirbt der Körper. Wenn du dich also ganz erhalten willst, musst du als Erstes Geist und Energie zur Ruhe bringen.

Verstehe dies: Energie ist die Mutter des Geistes; Geist ist der Sohn der Energie. Nur wenn Energie und Geist eins sind, kannst du lange leben und wirst nicht sterben.

Wenn du nun den Geist zur Ruhe bringen willst, musst du zunächst die ursprüngliche Energie verfeinern und läutern. Wenn diese Energie in deinem Körper ist, ist der Geist ruhig und die Energie ist wie ein großes Meer. Mit dem Energie-Ozean, der bis zum Überfließen gefüllt ist, ist der Verstand ruhig und der Geist ist im Gleichgewicht. Wird dieses Gleichgewicht nicht zerstreut, sammeln sich Körper und Verstand in ruhiger Gelassenheit. Diese Gelassenheit führt dann zur Konzentration, und der Körper lebt unzählige Jahre weiter.

Bleib nur immerzu mit der tiefen Quelle des Tao verbunden, und du wirst wie von selbst ein Weiser. Dann durchdringt die Energie den Geist und alle mentalen Projektionen; der Geist durchdringt jegliche Einsicht und das Schicksal. Wenn das Schicksal gefestigt und der Körper in gutem Zustand ist, kannst du beides mit deiner wahren inneren Natur vereinen. Dann erreichst du ein so hohes Alter wie die Sonne und der Mond! Dein Tao hat Vollkommenheit erreicht!

Aus der Schrift: *Visualization of Spirit and Refinement of Energy*; siehe L. Kohn, 1993, S. 320–321

VON GEBURT AN ist allen Menschen die Energie der Leere gegeben. Ursprünglich sind ihr Wesen und ihre Erleuchtung voll von durchdringender Bewusstheit, sie lernen ohne Hindernisse, und der ›Geist‹ ist rein. Lass diesen Geist sich in deinem Innern ausbreiten und seinen Glanz nach außen strahlen! Wie von selbst wirst du dann anders werden als gewöhnliche Menschen. Du wirst im Geist ein Unsterblicher sein! Doch selbst dann bist du noch menschlich.

Um die Unsterblichkeit des Geistes zu erlangen, musst du dich auf die Energie der Leere konzentrieren. Lass nie zu, dass sie von der gewöhnlichen Welt beschmutzt wird. Finde zur Unsterblichkeit des Geistes, indem du ganz spontan deiner eigenen Natur folgst. Lass nie zu, dass falsche Vorstellungen deinen Weg behindern.

Freude, Zorn, Trauer, Glück, Liebe, Hass und Begierden – das sind die sieben Entartungen der Gefühle. Wind, Feuchtigkeit, Kälte, Hitze, Hunger, Überdruss, Arbeit und Müßiggang – das sind die acht Entartungen der Energie. Befreie dich davon! Werde unsterblich!

Aus der Schrift: *The Master of Heavenly Seclusion*;
siehe L. Kohn, 1993, S. 81

Das Fortschreiten auf dem Weg zur Unsterblichkeit geschieht schrittweise und allmählich: Es gibt keine plötzliche Erleuchtung. Auf dem Weg zur Verwirklichung des Tao gibt es fünf aufeinanderfolgende Tore. Die Unsterblichkeit des Geistes wird am Ende dieser fünf Schritte erreicht.

DAS ERSTE IST Fasten und Enthaltsamkeit.
Das zweite ist Abgeschiedenheit.
Das dritte ist Visualisierung und Imagination.
Das vierte ist das Sitzen in völliger Vergessenheit.
Das fünfte ist die Befreiung des Geistes.

Was bedeutet Fasten und Enthaltsamkeit? Es bedeutet Reinigung des Körpers und Leermachen des Geistes.
Was bedeutet Abgeschiedenheit? Es bedeutet den Rückzug, tief in die Meditationskammer hinein.
Was bedeutet Visualisierung und Imagination? Es bedeutet, den Geist zu zähmen und seine ihm ureigene Natur wiederzugewinnen.
Was bedeutet Sitzen in völliger Vergessenheit? Es bedeutet das Loslassen des eigenen Körpers und das völlige Vergessen seiner selbst.
Was bedeutet Befreiung des Geistes? Es bedeutet, dass der Geist das ganze Dasein durchdringt.

Aus der Schrift: *The Master of Heavenly Seclusion*;
siehe L. Kohn, 1993, S. 82

Die Welt zu verlassen bedeutet nicht, dass der Körper geht. Damit ist vielmehr der Geist gemeint. Der Körper ist wie die Wurzel der Lotuspflanze; der Geist wie eine Lotusblüte. Die Wurzeln stecken im Schlamm, doch die Blüte ist an der freien Luft.

Wenn das Tao verwirklicht wird, wird der Körper in der Sphäre des Gewöhnlichen sein, doch der Geist wird sich im Königreich der Weisen befinden. Heutzutage wollen die Menschen dem Tod auf ewig entgehen, gleichzeitig aber die gewöhnliche Welt verlassen. Sie sind Narren! Sie haben auf das wahre Prinzip des Tao nicht einmal einen flüchtigen Blick geworfen.

Aus Wang Chongyang: *Fifteen Articles on Establishing the Teaching* [12. Jahrhundert n. Chr.]; siehe L. Kohn, 1993, S. 92

水

Die moralischen Grundlagen des Taoismus

Ein Ratschlag moralischer Art

Als spiritueller Weg hat der Taoismus seine eigenen ethischen Ideale und Vorschriften. Sie folgen unmittelbar der Natur des Tao und sollten spontan, ohne Zwang praktiziert werden. Manche taoistischen Texte, insbesondere Teile des Zhuangzi, *aber auch des* Tao Te King, *greifen die konfuzianische Ethik an, denn sie ist aus ihrer Sicht etwas Künstliches, was den Menschen von außen aufgedrückt wird und ihre angeborene oder ursprüngliche Güte zerstört. Wenn die Gesellschaft erst einmal ein Loblied auf die Moral singt, bedeutet das nichts anderes, als dass die Moral bereits verloren gegangen ist.*

Im Folgenden werden beispielhaft zwei Seiten des taoistischen Moralkodex dargestellt: zunächst die positiven Ideale, dann die Kritik an der korrupten Moral. Zu den positiven taoistischen Tugenden zählen unter anderem Bescheidenheit (Demut), Genügsamkeit, Zufriedenheit und Mitgefühl.

Wer sich brüstet, der strahlt nicht.
Wer sich selbst bestätigt, wird nicht anerkannt.
Wer sich zur Schau stellt, wird nicht geachtet.
Wer prahlt, wird nicht lange überleben.

Tao Te King 24

WER ANDERE KENNT, ist klug;
wer sich selbst kennt, ist genial.
Wer andere besiegt, verfügt über körperliche Stärke,
wer sich selbst besiegt, hat wahre Kraft.
Wer genug zu haben versteht, ist reich,
wer mit Stärke handelt, ist entschlossen.
Wer seinen Platz nicht verliert, überlebt lange,
wer stirbt und doch nicht vergessen wird, dem ist Langlebigkeit geschenkt.

Tao Te King 33

WÜRDE BERUHT AUF Bescheidenheit.
Eine hohe Stellung wurzelt in Demut.

Tao Te King 39

EIN ÜBERMASS AN Liebe zieht mit Sicherheit große Verschwendung nach sich.
Zu viele Vorräte führen mit Sicherheit zu großen Verlusten.
Genug zu wissen, ist keine Schande.
Zu wissen, wann man aufhören muss, hilft Gefahr zu vermeiden.
Dann vermag man lange zu leben.

Tao Te King 44

WER GROSS SEIN will,
tut gut daran, sich klein zu machen.

Tao Te King 61

DREI KOSTBARKEITEN NENNE ich mein Eigen; ich halte an ihnen fest und bewahre sie.
Die erste ist mitfühlende Liebe;
Die zweite ist Sparsamkeit;
Die dritte ist, es nicht zu wagen, der Erste im Land zu sein.
Durch mitfühlende Liebe entsteht Mut;
Durch Sparsamkeit kann man sein Herrschaftsgebiet ausdehnen;
Es nicht zu wagen, der Erste im Land zu sein, macht dich zum Anführer aller wirklich Fähigen.

Tao Te King 67

IN EINER ZEIT der Vollkommenen Tugend werden die Ehrenwerten nicht geehrt, die Fähigen haben keine Arbeit. Herrscher sind wie die hohen Zweige eines Baumes, das Volk ist wie die Rehe auf dem Feld. Sie tun, was recht ist, doch wissen sie nicht um diese Rechtschaffenheit. Sie lieben einander, doch wissen sie nicht um diese Güte. Sie haben ein treues Herz, doch sie wissen nicht um diese Treue. Sie sind vertrauenswürdig, doch sie wissen nicht um diesen guten Glauben. Sie zappeln herum wie Insekten, tun einander gute Dienste und wissen doch nicht um diese Freundlichkeit. Deshalb bewegen sie sich, ohne Spuren zu hinterlassen, handeln, ohne dass man sich an ihre Taten erinnert.

Zhuangzi 12: »Heaven and Earth«; siehe B. Watson, S. 138

Die Menschen haben eine dauerhafte, angeborene Natur. Ihre Kleidung zu weben, ihre Nahrung anzubauen – diese Tugend ist ihnen allen gemein.

... in einer Zeit der Perfekten Tugend ist der Gang der Menschen langsam und gemächlich; ihr Blick ist beständig und mild. In einer solchen Zeit haben die Berge keine Pfade und Wege, die Seen keine Boote und Brücken ...

In dieser Zeit der Perfekten Tugend leben die Menschen wie die Vögel und Tiere, sie stellen sich als Gruppe Seite an Seite mit den zehntausend Dingen. Wer redet dann von ›Herren‹ und ›niederem Volk‹? Dumm und unwissend sind die Menschen, ohne Weisheit; und so kommt ihnen ihre Tugend nicht abhanden ... In unbehauener Einfachheit erlangen die Menschen ihre wahre Natur.

Zhuangzi 9: »Horses' Hoofs«; siehe B. Watson, S. 105

Diese spontane, einfache Güte der menschlichen Natur wurde durch die Moralpredigten der konfuzianischen ›Weisen‹ verdorben; sie hießen die Menschen das zu tun, was sie ohnehin schon von Natur aus taten; so wurden Zweifel gesät und es kam zu (Meinungs-)Verschiedenheiten.

道

Wären der Weg und seine Tugend nicht fallengelassen worden, wie hätte sonst der Ruf nach Güte und Rechtschaffenheit laut werden können? ... Den Weg und seine Tugend zu zerstören, um Güte und Rechtschaffenheit zu erlangen – das war der Fehler des Weisen. Damals lernten die Menschen zum ersten Mal ... nach Wissen zu verlangen, bis zum Tode um den Gewinn zu kämpfen, und nichts konnte sie aufhalten. Letztendlich war das der Fehler des Weisen.

Zhuangzi 9: »Horses' Hoofs«; siehe B. Watson, S. 105–106

Nicht um deines guten Rufes und der Ehre willen tust du Gutes, sondern die Ehre ist die Folge davon. Du erwartest, dass aus der Ehre kein Nutzen entspringt, doch der Nutzen kommt. Du erwartest, dass der Nutzen keine Auseinandersetzung mit sich bringt, doch die Auseinandersetzung kommt. Deshalb muss ein ehrenwerter Herr sehr achtsam sein, wenn er Gutes tut.

Liezi 8: »Explaining Conjunctions«; siehe A. C. Graham, S. 177

In der Schwäche liegt die Kraft

Dass Schwäche sich in Kraft verwandeln kann, ist eine der taoistischen Paradoxien. Tao, die Höchste Kraft, geht mit Schwäche einher. Deshalb sind Kraftlosigkeit, Weichheit, Flexibilität und Nachgeben Quellen innerer Stärke und Lebenskraft; brutale Kraft dagegen endet oft in einer Niederlage. Kraftlosigkeit ist eine andere Form des Wuwei.

Der Weg des Tao ist Schwäche.

Tao Te King 36

Das Biegsame und Schwache
besiegt das Harte und Starke.

Tao Te King 36

常

Nichts unter dem Himmel ist weicher und biegsamer als das Wasser,
und doch gibt es nichts, was besser das Harte und Starre bezwingen kann.

Dass das Biegsame das Starre besiegt und das Weiche das Harte, ist niemandem unter dem Himmel unbekannt,
und doch kann es niemand in die Tat umsetzen.

Tao Te King 78

Im Leben ist ein Mensch zart und biegsam,
Im Tode ist er hart und starr.
Im Leben sind alle Wesen und Pflanzen zart und geschmeidig,
Im Tode sind sie trocken und verdorrt.
In der Tat: Das Harte und Starre sind die Gefährten des Todes.
Das Zarte und Biegsame sind die Gefährten des Lebens.
Deshalb wird eine Armee, die starr ist, nicht den Sieg erringen.
Ein Baum, der starr ist, wird zu Grunde gehen.
Starr und groß zu sein ist Unterlegenheit.
Zart und biegsam zu sein ist Überlegenheit.

Tao Te King 76

Sei biegsam, und du bleibst ganz,
sei krumm, und die wirst gerade werden ...
Ist das alte Sprichwort ›Sei biegsam, und du bleibst ganz‹ leer
und ohne Sinn?
Wer wahrhaft ›ganz bleibt‹, wird sein Schicksal vollenden.

Tao Te King 22

Es gibt in der Welt einen Weg: Wer auf ihm schreitet, wird immer siegen. Und es gibt einen anderen Weg: Wer auf ihm schreitet, wird niemals siegen. Der erste wird »Kraftlosigkeit« genannt und der letzte »Stärke«. Beide Wege sind leicht zu erkennen, und doch erkennt der Mensch sie nicht. Deshalb gibt es ein Sprichwort, aus uralten Zeiten: ›Der Starke übertrifft die, die schwächer sind als er, der Schwache übertrifft die, die stärker sind als er.‹

Der Mensch, der andere übertrifft, die schwächer sind als er selbst, ist in Gefahr, wenn er auf jemanden trifft, der stärker ist als er; doch der Mensch, der diejenigen übertrifft, die stärker sind als er, ist niemals in Gefahr.

Liezi 2: »The Yellow Emperor«;
siehe A. C. Graham, S. 52

IST DEIN ZIEL, hart zu sein, dann wache über es, indem du weich bist.
Ist dein Ziel, stark zu sein, dann erhalte es, indem du schwach bist.
Was weich beginnt und sich sammelt, muss hart werden.
Was schwach beginnt und sich sammelt, muss stark werden.
Beobachte, wie es sich sammelt, und du wirst wissen, woher Segen und Unglück kommen.
Die Starken erobern diejenigen, die schwächer sind als sie selbst,
und wenn sie auf gleiche Stärke treffen, ziehen sie keinen Vorteil daraus.
Die Schwachen erobern diejenigen, die stärker sind als sie selbst,
und ihre Kraft ist unermesslich.

Liezi 2: »The Yellow Emperor«;
siehe A. C. Graham, S. 53

NATÜRLICHKEIT

Natürlichkeit oder Spontaneität ist eins der Grundprinzipien der taoistischen Philosophie. Es ist das Grundmuster für jedes Handeln aus dem Tao, was – hoffentlich – von den zehntausend Wesen nachgeahmt wird. Es steht in Verbindung mit dem Thema des ›Himmlischen und Menschlichen‹, auf das bereits eingegangen wurde. Sowohl im Liezi *als auch im* Zhuangzi *gibt es dazu anschauliche Geschichten.*

KONFUZIUS MACHTE SICH auf, den Ausflugsort Lüliang zu besuchen, wo das Wasser aus einer Höhe von dreißig Faden nach unten stürzt und vierzig *Li* weit dahin strudelt und rast, so schnell, dass weder Fisch noch andere Wasserlebewesen darin schwimmen können. Er sah einen Mann, der im Wasser untertauchte, und da er annahm, dass dieser Mann in Schwierigkeiten war und seinem Leben ein Ende machen wollte, befahl er seinen Schülern, sich am Ufer aufzustellen und ihn aus dem Wasser zu ziehen. Doch nachdem der Mann ein paar hundert Schritt weit getrieben worden war, stieg er aus dem Wasser und spazierte am Ufer entlang, mit tropfnassem Haar, und sang ein Lied. Konfuzius lief zu ihm und sagte: »Zuerst dachte ich, du wärst ein Geist, doch nun sehe ich, dass du ein Mensch bist. Darf ich dich fragen, ob du eine bestimmte Methode hast, im Wasser nicht unterzugehen?«

»Ich habe keine besondere Methode. Ich begann mit dem, was

ich kannte, wuchs auf in Harmonie mit meiner eigenen Natur und ließ das Schicksal die Dinge vollenden. Ich gehe unter mit den Strudeln, komme wieder hoch mit den Wirbeln, folge dem Weg, den das Wasser nimmt, und denke nie über mich selbst nach. Auf diese Weise gehe ich nicht unter.«

Konfuzius sagte: »Was meinst du damit, dass du mit dem begannst, was du kanntest, in Harmonie mit deiner Natur aufwuchst und das Schicksal die Dinge zu Ende bringen ließt?«

»Auf trockenem Land wurde ich geboren, und auf trockenem Land fühlte ich mich sicher – das kannte ich. Ich wuchs auf mit dem Wasser und fühlte mich sicher im Wasser – das entsprach meiner Natur. Ich weiß nicht, warum ich tue, was ich tue – das ist eben Schicksal.«

Zhuangzi 19: »Mastering Life«; siehe B. Watson, S. 204–205

命

Konfuzius war auf dem Weg nach Chu und kam durch einen Wald, wo er einen Buckligen erblickte, der mit einer klebrigen Rute Zikaden fing, so einfach, als ob er sie mit der Hand fangen würde.

Konfuzius fragte: »Wie geschickt du bist! Hast du eine bestimmte Methode?«

»Ich habe eine Methode«, sagte der Bucklige. »Die ersten fünf oder sechs Monate übe ich, zwei Bälle hintereinander auf einem Stangenende zu balancieren; und wenn sie nicht herunterfallen, dann weiß ich, dass mir nur sehr wenige Zikaden entgehen. Dann balanciere ich drei Bälle, und wenn ich das schaffe, dann weiß ich, dass ich nur eine von zehn Zikaden verliere. Dann übe ich mit fünf Bällen. Fallen sie nicht herunter, dann weiß ich, es wird so einfach sein, als würde ich mit der Hand nach ihnen greifen. Ich halte meinen Körper steif wie ein Baumstamm und arbeite mit meinem Arm wie mit einem alten trockenen Ast. Ganz gleich wie riesengroß Himmel und Erde auch sind, wie zahlreich die zehntausend Dinge sind – ich nehme nur noch die Zikadenflügel wahr. Ich schwanke nicht, ich kippe nicht um, ich lasse nicht zu, dass eines der zehntausend anderen Dinge den Platz dieser Zikadenflügel einnimmt – wie kann ich so einen Misserfolg haben?«

Zhuangzi 19: »Mastering Life«;
siehe B. Watson, S. 199–200

Zeitgemässes Handeln

Wie es in Kapitel 8 des Tao Te King beschrieben wird, ist Rechtzeitigkeit oder die Wahl des richtigen Zeitpunkts die korrekte Handlungsweise. Das Liezi *erzählt von zwei gegensätzlichen Familien, bei denen das Prinzip des richtigen Zeitpunkts sehr deutlich wird.*

Man kann diese Geschichte in etwa so umschreiben: Herr Shi hatte zwei begabte Söhne, von denen der eine das Studium liebte, der andere aber den Krieg. Beide gingen fort und boten ihre Dienste an zwei verschiedenen Königshöfen an und wurden von dem jeweiligen König willkommen geheißen: der eine als Lehrer für den Sohn des Königs, der andere als Militärstratege und Heerführer. Beide wurden hoch geehrt und fürstlich entlohnt.

Auch der Nachbar, Herr Meng, hatte zwei begabte Söhne, mit der gleichen Ausbildung. Als sie ihre Dienste zwei anderen Herrschern anboten, wurde ihnen Misstrauen entgegengebracht: Der eine wurde kastriert und nach Hause geschickt; dem anderen wurden die Füße abgeschnitten, um zu verhindern, dass er einem gegnerischen König dient.

Voller Kummer und Wehklagen ging Herr Meng zu seinem Nachbarn, Herrn Shi. Dieser sagte zu ihm:

> Wähle die rechte Zeit, und du wirst aufblühen,
> Verpasse die rechte Zeit, und du wirst untergehen.

Dein Weg entsprach dem unseren, und dennoch hast du versagt, wo wir erfolgreich waren – nicht weil du das Falsche getan hast, sondern weil du den falschen Zeitpunkt dafür gewählt hast. Wie dem auch sei, es gibt nirgends ein Prinzip, das unter allen Umständen richtig ist, oder eine Handlungsweise, die unter allen Umständen falsch wäre. Unsere Vorgehensweise von gestern verwerfen wir vielleicht heute und wenden sie in der Zukunft wieder an. Es gibt kein Richtig oder Falsch, das immer gleich gültig ist, um zu entscheiden, was wir tun oder lassen sollen.

Liezi 8: »Explaining Conjunctions«,
siehe A. C. Graham, S. 162–163

水

Ratschläge für ein gesundes Leben

In den folgenden Zitaten von berühmten taoistischen Meistern, die zum Großteil aus der Zeit der Tang-Dynastie (618–906) und der Song-Dynastie (960–1279) stammen, werden Ratschläge zur Körperpflege erteilt, ohne dies von der Disziplin des Geistes abtrennen zu wollen. Das Ziel der Körperhygiene und bestimmter Ernährungsweisen besteht letztendlich darin, Körper, Geist und Seele zu entwickeln und zu verfeinern, um eins zu werden mit dem Tao und – für diejenigen, die danach streben – Langlebigkeit zu erlangen.

Der Körper muss oft trainiert werden. Nahrung solltest du nicht im Übermaß zu dir nehmen. Überarbeite dich nicht. In der Jugend sollte man genügend Nahrung bekommen. Meide zu fette und zu süße Speisen, Süßes und Saures sollten in Maßen genossen werden. Vermeide es, dir zu viele Sorgen zu machen. Und halte dich auch von extremem Glück und extremem Zorn fern. Vermeide es zu viel herumzurennen. Zügele deine sexuellen Aktivitäten.

Tao Hongjing (456–536): *Yangsheng Yanminlu*; übersetzt von J. Pas, zitiert aus: *Ru-Dao-Fo Mingyan Cidian*, S. 412

Um seinen Körper gesund zu halten, sollte man es sicherlich verstehen, die folgenden Extreme zu vermeiden: große Wut, starke Begierden, übermäßiges Trinken und Betrunkenheit.

Wenn eines dieser drei Extreme eintritt, sollte man es vermeiden, den wahrhaften ursprünglichen Atem (Energie) im Körper zu schädigen.

Sun Simiao (581–682): *Weishen ge*; übersetzt von J. Pas,
zitiert aus: *Ru-Dao-Fo Mingyan Cidian*, S. 412

Wenn der Verstand im Inneren weder Gedanken noch Begierden kennt, sammelt sich der Geist und wird nicht zerstreut. So erhält und nährt man das Leben. Nur wenn der Bauch genügend Nahrung hat, kann die biologische Zeugungsfähigkeit sich vollkommen entfalten. Nur dann kann man Langlebigkeit erreichen.

La Lin (Song-Dynastie): *Daodezhenjing gushanji*;
übersetzt von J. Pas, zitiert aus:
Ru-Dao-Fo Mingyan Cidian, S. 415–416

SOLANGE MAN LEBT, sollte man seine Gedanken nicht durch Gewinnsucht und Begierden stören lassen; sollte man sich nicht der Völlerei hingeben, um seinem physischen Körper keinen Schaden zuzufügen. Ein friedvoller Geist, einfach und ruhig, macht es möglich, dass Harmonie und innere Ausgewogenheit sich spontan entwickeln können. So bleiben die biologische Zeugungsfähigkeit und die spirituelle Essenz fest im physischen Körper verankert; das ursprüngliche *Qi* (Atem, Energie) erhält die Essenz; der Geist bleibt in Harmonie mit dem ursprünglichen *Qi*; die Gedanken bringen den Geist zur Ruhe; innere Ruhe macht die Gedanken friedvoll und beständig.

Wenn all dies befolgt wird, strebt man nicht mehr bewusst danach, sein Leben zu verlängern, und doch verlängert sich die Lebensspanne ganz von selbst.

Du Guanting (850–933): *Daodezhenjing guang shengyi*, 36;
übersetzt von J. Pas, zitert aus:
Ru-Dao-Fo Mingyan Cidian, S. 415

MAN SOLLTE WISSEN, dass die größten Einsiedler mitten in der Stadt leben. Begib dich nicht auf die Suche nach denjenigen, die tief in den Bergen und Wäldern ein abgeschiedenes und isoliertes Leben der Selbstverleugnung führen. Große Einsiedler leben in den Städten und übertreffen diejenigen, die in Abgeschiedenheit leben.

常

Zhang Goduan (984–1082): *Wuzhenpian*; übersetzt von J. Pas, zitiert aus: *Ru-Dao-Fo Mingyan Cidian*, S. 416

MAN BEBAUT DAS Land, um Nahrung zu haben, züchtet Seidenraupen, um Kleidung zu haben. Wenn es genügend Kleidung und Nahrung gibt, sind alle Reichtümer unter dem Himmel überflüssig. Man kann dies vergleichen mit jemandem, der durstig ist und aus dem Fluss trinkt; ist der Durst erst einmal gestillt, bringt man dem großen Wasserstrom keine Bewunderung mehr entgegen.

Ji Kang (Periode der Drei Königreiche): *Da xiangzi qinan yangshenglun*; übersetzt von J. Pas, zitiert aus: *Ru-Dao-Fo Mingyan Cidian*, S. 417

Der Geist

Der Geist/Verstand ist ein gewaltiges Werkzeug; in seine Angelegenheiten sollte man sich besser nicht einmischen.

CHUI ZHU FRAGTE Lao Dan [Laozi]: »Wenn du nicht die Welt regierst, wie kannst du dann den Geist der Menschen besser machen?«

Lao Dan antwortete: »Sei vorsichtig – mach dir nicht am Geist der Menschen zu schaffen! Dieser Geist kann zu Boden gedrückt oder in die Höhe getrieben werden, doch dieses Auf und Ab ist für den Geist ein tödliches Gefängnis. Der Geist ist sanft und schüchtern, und so kann er beugen das Harte und Starke; er kann herausmeißeln und wegschneiden, schnitzen und polieren. Seine Hitze ist wie brennendes Feuer, seine Kälte wie gefrorenes Eis, seine Schnelligkeit ist so groß, dass er in der Zeitspanne, die es braucht, um den Kopf zu heben und wieder zu senken, zweimal über die vier Meere und noch viel weiter fegt. In Ruhe ist der Geist tief und still; in Bewegung reicht er weit hinauf bis in die Himmel, rast davon und galoppiert über alle Grenzen und Schranken hinweg. So ist der Geist des Menschen!«

Zhuangzi 11: »Let it Be, Leave it Alone«;
siehe B. Watson, S. 116

Der Geist des Menschen ist gefährlicher als Berge und Flüsse, er ist schwerer zu begreifen als der Himmel. Der Himmel hat wenigstens feste Zeiten für Frühling und Herbst, Winter und Sommer; Morgen- und Abenddämmerung. Doch der Mensch ist dickhäutig und verbirgt seine wahre Form tief in seinem Inneren.

Zhuangzi 32: »Lie Yukou«;
siehe B. Watson, S. 358

虚

Sprache, Träume und Utopien

Vom Nutzen des Nutzlosen

Ein sehr widersprüchliches Thema, der Nutzen des Nutzlosen, findet sich vor allem im Zhuangzi. *Bäume, deren Holz keinen Wert besitzt oder die keine Früchte hervorbringen, haben die beste Chance, lange zu leben: Niemand belästigt sie, niemand fällt sie. Auf den Menschen übertragen, ist es besser, nutzlos zu sein (im politischen Sinne) als vielerlei Talente zu haben. Denn andernfalls sollte man auf ein Regierungsamt mit all seinen potenziellen Gefahren und Unsicherheiten gefasst sein.*

Zhuangzi ging in den Bergen spazieren, als er einen riesigen Baum mit dicken, üppigen Ästen und Blättern erblickte. Ein Holzfäller stand, sich ausruhend, daneben, doch unternahm er keinerlei Anstrengungen, den Baum zu fällen. Zhuangzi fragte ihn nach dem Grund dafür, und der Holzfäller antwortete: »Er ist zu gar nichts Nutze!« Zhuangzi sagte: »Wegen seiner Wertlosigkeit schafft es dieser Baum, all die Jahre am Leben zu bleiben, die ihm der Himmel zugestanden hat!«

Zhuangzi 20: »The Mountain Tree«;
siehe B. Watson, S. 209

In Song [gibt es eine Region, die] gut ist für den Anbau von Trompetenbäumen, Zypressen und Maulbeerbäumen. Doch all die Bäume, die mehr als zwei Armlängen Umfang haben, werden gefällt für die Menschen, die Affenkäfige brauchen; diejenigen, die drei oder vier Spannen Umfang haben, werden geschnitten für die Dachfirstbalken von hohen Dächern, und diejenigen, die sieben oder acht Spannen Umfang haben, werden für adelige Familien oder reiche Händler gefällt als Bretter für ihre Särge. So können die Bäume nicht die Jahre am Leben bleiben, die ihnen vom Himmel gegeben sind, sondern werden mitten auf ihrer Reise gefällt. Das ist die Gefahr, wenn man nützlich ist.

Zhuangzi 4: »In the World of Men«; siehe B. Watson, S. 65

Huizi sagte zu Zhuangzi: »Ich habe einen großen Baum der Art, die von den Menschen *Shu* genannt wird. Sein Stamm ist zu knorrig und zu uneben, um den Messstab anzulegen, seine Äste sind zu verbogen und gewunden, um sie mit Zirkel und Winkelmaß zu berechnen. Man könnte ihn an die Straße stellen, und kein Zimmermann würde einen zweiten Blick auf ihn werfen. Auch deine Worte sind groß und nutzlos, und so werden sie von allen verschmäht!«

Zhuangzi sagte: »Vielleicht hast du noch nie eine Wildkatze oder ein Wiesel gesehen. Sie kauert sich nieder und versteckt sich, wartet darauf, dass etwas Essbares vorbeikommt. Sie springt und rast nach Osten und nach Westen, zögert nicht, nach oben zu laufen und nach unten – bis sie in die Falle geht, im Netz stirbt ...

Du hast also diesen großen Baum, und du machst dir Sorgen, weil er nutzlos ist. Warum pflanzt du ihn nicht im Dorf ›Überhaupt-Nichts‹ oder auf dem Feld ›Weit und Grenzenlos‹, entspannst dich neben dem Baum und unternimmst gar nichts, oder legst dich unter ihn für einen einfachen Schlaf? Nie wird sein Leben durch Äxte verkürzt, nichts kann ihm schaden. Wenn er zu nichts Nutze ist, wie können ihn Kummer und Schmerz dann bedrohen?«

Zhuangzi 1: »Free Flight into Transcendence«;
siehe B. Watson, S. 35

HUIZI SAGTE ZU Zhuangzi: »Deine Worte sind nutzlos!« Zhuangzi sagte: »Ein Mensch muss das Nutzlose verstehen, bevor du mit ihm über Nutzvolles reden kannst. Die Erde ist sicherlich weit und groß, und doch nutzt ein Mensch davon nicht mehr als das Stückchen, auf den er seinen Fuß setzt. Doch wenn du die ganze Erde um den Fuß herum weggraben würdest, bis du auf die Gelben Quellen [chinesische Unterwelt] stößt, könnte der Mensch es dann noch nutzen?«

»Nein, es wäre nutzlos«, sagte Huizi.

»Dann«, sagte Zhuangzi, »ist es wohl offensichtlich, dass das Nutzlose seinen Nutzen hat.«

Zhuangzi 26: »External Things«; siehe B. Watson, S. 299

Wenn man körperlich nicht gut in Form ist, wird man umsorgt! Wenn man keine besonderen Talente hat oder wenn die ›Tugend verkümmert‹ ist, umgeht man den Regierungsdienst und kann ein langes Leben führen!

DA IST DER verkrüppelte Shu: Das Kinn steckt im Nabel, die Schultern sind über dem Kopf, sein Zopf zeigt hoch zum Himmel, seine fünf Organe liegen darüber, seine zwei Oberschenkel drücken gegen die Rippen. Mit Näh- und Wascharbeiten verdient er gerade genug, um seinen Mund zu füllen; er siebt das Getreide aus und verdient damit genug, um zehn Leute zu ernähren. Wenn die Behörden Truppen ausheben, steht er, zum Abschied winkend, in der Menge. Wenn eine große Arbeitsgruppe zusammengestellt wird, übergeht man ihn, da er stets ein Invalide ist. Und wenn an die Kranken Getreide als Almosen verteilt wird, erhält er drei große Maß voll und dazu zehn Bündel Feuerholz. Mit seinem verkrüppelten Körper ist er doch noch in der Lage, für sich selbst zu sorgen und die Jahre, die ihm der Himmel geschenkt hat, bis zum Ende zu leben. Um wie viel besser wäre er also dran, wenn er eine verkümmerte Tugend hätte!

Zhuangzi 4: »In the World of Men«; siehe B. Watson, S. 66

Ziqi aus Nanbo spazierte um den Hügel von Shang, als er dort einen riesigen Baum erblickte, der ganz anders war als die übrigen. Tausend Pferdegespanne hätten unter ihm Platz finden können, und sein Schatten hätte ihnen allen Zuflucht gewährt. »Was für ein Baum ist das? Sicherlich ist er ganz besonders nützlich!« Doch als er nach oben blickte, sah er, dass die oberen Äste ganz knorrig und verdreht waren, ungeeignet für Balken und Sparren; und als er nach unten blickte, sah er, dass der Stamm angefressen und verwittert war und man aus ihm keine Särge zimmern konnte. Er leckte an einem der Blätter, und sein Mund wurde wund und ward von Blasen bedeckt. Er sog den Geruch des Baumes ein. Drei Tage hätte ein Mensch davon trunken sein können. »Es ist also ein völlig nutzloser Baum«, sagte Ziqi, »deshalb konnte er so groß werden. Aha! – Aus dieser Nutzlosigkeit zieht der Heilige Mensch einen Nutzen!«

Zhuangzi 4: »In the World of Mann«; siehe B. Watson, S. 65

Träume und die Grenzen von Sprache und Wissen

Worte können das Unaussprechliche nicht ausdrücken. Worte sind endlich: Das Wahre aber ist unendlich. Worte sind nützliche Werkzeuge zur Verständigung: Wenn man verstanden hat, sollte man auf Worte verzichten. Das Tao ist unaussprechlich und kann mit Sprache nicht ausgedrückt werden; Worte über das Tao sind nichts als Kratzer an der Oberfläche der Realität.

Die Fischfalle gibt es nur wegen des Fisches; wenn der Fisch erst einmal gefangen ist, kann man die Falle vergessen. Die Kaninchenschlinge gibt es nur wegen des Kaninchens; wenn das Kaninchen erst einmal in der Falle sitzt, kann man die Schlinge vergessen. Worte gibt es nur wegen ihrer Bedeutung; wenn man die Bedeutung erst einmal erfasst hat, kann man die Worte vergessen. Wo finde ich einen Menschen, der die Worte vergessen hat, so dass ich ein Wort mit ihm wechseln kann?

Zhuangzi 26: »External Things«;
siehe B. Watson, S. 302

TAO, DAS IN Worten ausgedrückt werden kann, ist nicht das ewige Tao. Namen, die genannt werden können, sind keine ewigen Namen.

Tao Te King 1

Im Kapitel 2 des Zhuangzi *gibt es eine tief gehende Reflektion über die Natur der Sprache. Als Werkzeug für die Kommunikation hat Sprache durchaus ihren Nutzen. Doch sehr oft wird sie missbraucht und verdunkelt die wahre Natur der Wirklichkeit. Sprache ist nichts Absolutes, genauso wenig wie Wissen! Wenn wir glauben, Dinge zu wissen, dann wissen wir sie vielleicht gar nicht. Wenn wir denken, wir wären wach und bewusst, leben wir vielleicht gerade in einem Traum. Was ist der Unterschied zwischen dem, was wir als Bewusstsein wahrnehmen und dem Zustand des Träumens? Das* Zhuangzi *redet gern über Traum und Realität; das* Liezi *widmet dem Thema ein ganzes Kapitel.*

WORTE SIND NICHT einfach nur Wind. Worte haben etwas zu sagen. Doch was wäre, wenn das, was sie zu sagen hätten, nichts Bestimmtes wäre? Sagen sie dann wirklich etwas aus? Oder bedeuten sie nichts? Die Menschen gehen davon aus, dass Worte etwas anderes sind als das Zwitschern von neugeborenen Vögeln, aber gibt es da wirklich einen Unterschied oder etwa doch nicht?

Wie kommt es, dass der Weg so verdunkelt ist, dass es ›Wirkliches‹ und ›Unwirkliches‹ gibt? Wie kommt es, dass Sprache so verdunkelt ist, dass es Bejahung und Verneinung gibt?

Der Weg ist verdunkelt von kleinen Errungenschaften; die Sprache ist verdunkelt von eitler Beredsamkeit.

Zhuangzi 2: »The Identification of Things and Theories«, siehe B. Watson, S. 39 (mit einigen Abänderungen des Herausgebers)

Nie Que fragte Wang Ni: »Weißt du, was alle Dinge für recht befinden?«

»Wie könnte ich das wissen?«, sagte Wang Ni.

»Weißt du, dass du es nicht weißt?«

»Wie könnte ich das wissen?«

»Wissen dann die Dinge nichts?«

»Wie könnte ich das wissen? Nimm doch einmal an, ich versuche etwas zu sagen. Auf welche Weise könnte ich wissen, das ich, wenn ich sage, ich wüsste etwas, es wirklich weiß? Und wie könne ich wissen, dass, wenn ich sage, ich wüsste etwas nicht, ich es nicht eigentlich doch weiß?«

Zhuangzi 2: »The Identification of Things and Theories«, siehe B. Watson, S. 45

Woher kennen wir den Unterschied zwischen Traum und Wirklichkeit? Gibt es einen Unterschied? Oder ist beides so miteinander vermischt, dass man sie nicht voneinander unterscheiden kann? In der berühmten Zhuangzi-Geschichte vom Traum vom Schmetterling wird das Problem auf dramatische Weise dargestellt. Die Antwort bleibt ungewiss; es gibt keine überzeugenden Kriterien, sich für das eine oder andere zu entscheiden.

WOHER WEISS ICH, dass die Liebe zum Leben nicht eine Täuschung ist? Woher weiß ich, dass ich, wenn ich den Tod hasse, nicht bin wie ein Mann, der sein Zuhause als Jüngling verlassen hat und vergessen hat, wie er dorthin zurückkommt? ... Woher weiß ich, dass sich die Toten nicht fragen, warum sie sich jemals nach dem Leben gesehnt haben?

Er, der davon träumt, Wein zu trinken, weint vielleicht, wenn der Morgen kommt; er, der träumt zu weinen, geht am Morgen vielleicht auf die Jagd. Während er träumt, weiß er nicht, dass es ein Traum ist, und in seinem Traum versucht er vielleicht sogar, seinen Traum zu deuten. Erst wenn er aufgewacht ist, weiß er, dass es ein Traum war. Und eines Tages wird es ein großes Erwachen geben, wenn wir wissen, dass dies alles nur ein großer Traum ist.

Zhuangzi 2: »The Identification of Things and Theories«,
siehe B. Watson, S. 47

ZHUANG ZHOU (ZHUANGZI) träumte einmal, er wäre ein Schmetterling, der herumflattert, das tut, was ihm gefällt und glücklich ist mit sich selbst. Er wusste nicht, dass er Zhuang Zhou war. Plötzlich wachte er auf, und da war er, fest und unverwechselbar Zhuang Zhou. Doch er wusste nicht, ob er nun Zhuang Zhou war, der geträumt hatte, er wäre ein Schmetterling, oder ein Schmetterling, der geträumt hatte, er wäre Zhuang Zhou.

Zwischen Zhuang Zhou und einem Schmetterling muss es doch einen Unterschied geben!

Zhuangzi 2: »The Identification of Things and Theories«, siehe B. Watson, S. 49

Kann es sein, dass für manche Menschen ein Traum realer und angenehmer ist als das wirkliche Leben? Die folgende Geschichte aus dem Liezi *scheint darauf hinzudeuten.*

Herr Yin aus Zhou war Besitzer eines riesigen Anwesens. Seine Untergebenen waren Tag und Nacht auf den Beinen, um ihm zu dienen, von morgens bis abends. Es gab auch einen alten Diener, der keine starken Muskeln mehr hatte und den er umso mehr zur Arbeit antrieb. Tagsüber ging der Diener stöhnend an seine Arbeit, des Abends lag er, ganz schwach vor Erschöpfung, in tiefem Schlaf. Wenn er in die Bewusstlosigkeit des Schlafes versank, träumte er jeden Abend, dass er der Herrscher des Staates war und auf seinem Thron über dem Volk saß. Alle Staatsangelegenheiten waren unter seiner Kontrolle. Er gab sich allem hin, was ihm gefiel: Ausflüge, Festgelage, Paläste und Schauspiele; seine Freude war mit nichts zu vergleichen. Und wenn er aufwachte, war er wieder ein Diener.

Als ihm einmal jemand sein Mitgefühl ausdrückte, weil er so hart arbeiten musste, sagte dieser Diener:

»Die Lebensspanne des Menschen beträgt einhundert Jahre, aufgeteilt zwischen Tag und Nacht. Tagsüber bin ich ein Sklave, und mein Leben ist wahrhaft bitter; doch des Nachts werde ich zu einem Prinzen, und meine Freuden sind unvergleichlich. Warum sollte ich mich also beklagen?«

Liezi 3: »King Mu of Zhou«; siehe A. C. Graham, S. 68

Im Liezi *findet man eine weitere rätselhafte Geschichte. Sie scheint auszudrücken, dass die individuelle Identität eine Illusion ist, dass unser kurzes Leben, wenn es einmal vorbei ist, praktisch nie stattgefunden hat.*

ALS LIEZI EINMAL auf einer Reise nach Wei am Straßenrand Rast machte, sah er einen hundert Jahre alten Schädel dort liegen. Er nahm einen Stecken, zeigte auf den Schädel und wandte sich an seine Schüler:

»Nur er und ich wissen, dass ihr nie geboren wurdet und nie sterben werdet. Ist er derjenige, dem es so richtig schlecht geht? Sind wir diejenigen, die wahrhaft glücklich sind?«

Liezi 1: »Heaven's Gifts«; siehe A. C. Graham, S. 20–21

Utopische Ideale

Beschreibungen von utopischen Paradiesen oder Staaten, in denen die Menschen einfach nur glücklich sind, gibt es in vielen Traditionen. Auch die Taoisten haben davon ihre eigenen Versionen. Eine findet man im Tao Te King. *Sie wird immer wieder zitiert – aber auch oft missverstanden – als ein Standardmodell der Gesellschaft. Doch eigentlich spiegelt sie die Betrachtungsweise einer Minderheit unter den taoistischen Meistern wider, der so genannten ›Primitivisten‹, die auch im* Zhuangzi *auftauchen.*

Das Liezi *beschreibt solch ein ideales Land, welches im äußersten Norden Chinas liegt und wo die Menschen in einer paradiesischen, vollkommenen Welt leben.*

Dies ist ein Ort, den man nicht mit dem Boot und nicht mit dem Wagen und auch nicht zu Fuß erreichen kann, sondern nur durch eine Reise des Geistes. In diesem Land gibt es weder Lehrer noch Führer; alles folgt dem natürlichen Lauf der Dinge. Die Menschen kennen weder Sehnsucht noch Begierden. Auch sie folgen alle ihrer wahren Natur. Sie sind nicht imstande, sich des Lebens zu freuen oder den Tod zu hassen, und deshalb lieben sie sich selbst mehr als andere, kennen weder Liebe noch Hass. Sie wissen nicht, wie sie sich Dingen zu- oder abwenden können, wie man mit dem Strom oder gegen ihn schwimmt, und so kann nichts ihnen Nutzen bringen oder Schaden zufügen. Es gibt nichts, was sie missgönnen oder bedauern, nichts, was sie fürchten oder beneiden. Sie gehen ins Wasser und ertrinken nicht, sie gehen ins Feuer und verbrennen nicht; ob man sie nun zerstückelt oder auspeitscht, sie haben keine Wunden und verspüren auch keinen Schmerz; stoße sie mit dem Fuß an, kratze sie, nichts tut ihnen weh. Sie reiten durch die Luft, als wären sie auf festem Boden, schlafen im leeren Raum, als lägen sie in einem Bett; ihre Sicht wird weder durch Wolken noch durch Nebel behindert, ihr Gehör nicht verwirrt durch Donnergrollen; Schönheit und Hässlichkeit können ihre Herzen nicht verstören, Berge und Täler ihre Füße nicht zum Straucheln bringen – denn sie reisen nur im Geist.

Liezi 2: »The Yellow Emperor«; siehe A. C. Graham, S. 34

[STELL DIR] EINEN kleinen Staat mit nur wenigen Bewohnern [vor].
Lass zehn oder Hunderte von Werkzeugen dort sein – sie werden nicht benutzt.
Lass die Menschen den Tod fürchten – sie unternehmen keine weiten Reisen.
Boote und Wagen gibt es, doch niemand fährt damit.
Rüstung und Waffen gibt es, doch niemand trägt sie.
Lass die Menschen Knoten knüpfen und [zum Zählen] verwenden.

Sie erfreuen sich an ihrer Nahrung, schmücken ihre Kleider, sind gerne in ihren Häusern und sind glücklich mit ihren Sitten und Gebräuchen.
Obwohl Nachbarn einander sehen können und die Hähne und Hunde einander hören können,
Werden die Menschen alt und sterben, ohne jemals bei ihrem Nachbarn gewesen zu sein.

Tao Te King 80

Das grundlegende Einssein von Mensch und Tier

Bevor der Weg durch die Einmischung des Menschen verfinstert wurde, lebten Mensch und Tier in alten Zeiten einst friedlich zusammen. Eigentlich gibt es zwischen Mensch und Tier gar keinen wesentlichen Unterschied.

Die Intelligenz von Mensch und Tier ist in mancherlei Hinsicht von Natur aus ähnlich. Genau wie die Menschen wollen auch die Tiere ihr Leben erhalten, und dazu brauchen sie nicht die menschliche Weisheit. Bock und Rehgeiß paaren sich, die Mutter und das Junge bleiben eng beieinander; sie meiden weite Ebenen und suchen sich schwer zugängliche Plätze, sie meiden die Kälte und versuchen ein warmes Plätzchen zu finden; sie leben in Herden und ziehen umher in einer bestimmten Ordnung, die Jungtiere bleiben im Inneren der Herde, die ausgewachsenen Tiere laufen am Rand; gegenseitig führen sie einander zu den Tränken und geben Nachricht, wenn sie Nahrung finden.

In uralten Zeiten lebten Mensch und Tier Seite an Seite. Zur Zeit der Fünf Kaiser und der Drei Könige wurden die Tiere erstmals vertrieben und in alle Winde zerstreut. In der verkommenen Zeit unserer Tage kauern sie sich in ihre Verstecke und fliehen in ihren Unterschlupf, um nicht zu Schaden zu kommen.

Liezi 2: »The Yellow Emperor«; siehe A.C. Graham, S. 54–55

Im Buddhismus und im Hinduismus werden Mensch und Tier als ›fühlende Wesen‹ bezeichnet, das heißt, sie sind fähig zu fühlen und wahrzunehmen und haben ein Bewusstsein. In vielen Geschichten und Legenden wird diese Nähe von Mensch und Tier dargestellt. Die Buddhisten vollziehen regelmäßig Rituale, um die Tiere aus ihrem niederen Stand zu erretten und ihnen eine Predigt zu halten; selbst im Christentum gibt es den Heiligen Franz von Assissi, der mit Vögeln und Fischen redete. Auch die alten Taoisten hatten erkannt, dass alle Arten auf dieser Welt in ihrem Wesen eins sind.

SELBST HEUTE NOCH verstehen hier, im Lande Jie im Osten, viele Menschen die Sprache der Haustiere; auch uns ist es mit unserem begrenzten Wissen möglich, dies zu entdekken. Die göttlichen Weisen aus uralten Zeiten wussten um die Gewohnheiten all der Myriaden an Dingen, wussten zu deuten die Rufe der verschiedenen Tierarten; sie riefen sie zu Treffen zusammen, lehrten sie wie menschliche Wesen. Die Tatsache, dass diese Weisen sich zunächst mit Geistern und Koboldcn trafen, dann die Menschen der acht Richtungen zusammenriefen und schließlich die Vögel und Tiere und Insekten versammelten, lässt darauf schließen, dass Verstand und Intelligenz bei unterschiedlichen Arten von Lebewesen nicht sehr verschieden sind. Die göttlichen Weisen wussten darüber Bescheid, und deshalb ließen sie kein Wesen aus, wenn sie lehrten.

Liezi 2: »The Yellow Emperor«; siehe A. C. Graham, S. 55

In China gibt es einen weitverbreiteten buddhistischen Brauch, bei dem Tiere aus ihrer Gefangenschaft entlassen werden. Dies wird als sehr verdienstvoller Akt des Mitgefühls angesehen. Auch das Liezi *nimmt – möglicherweise unter dem Einfluss des Buddhismus – Bezug auf diese Sitte. Letztendlich halten die Taoisten dies jedoch für eine irregeleitete Tradition, und so stellt die folgende Geschichte eigentlich eine Kritik am Buddhismus dar.*

DAS VOLK VON Handan brachte [seinem Herrscher] zum Neujahrsmorgen Tauben als Geschenk. Als ein Gast ihn nach dem Grund dafür fragte, erklärte [der Herrscher]: »Wir lassen Lebewesen am Neujahrstag frei, als Geste der Freundlichkeit.«

»Das Volk weiß, dass du sie freilassen willst, und so wetteifern sie darum, sie wieder einzufangen, und viele der Tauben sterben dabei. Wenn du sie am Leben erhalten willst, wäre es besser, dem Volk zu verbieten, sie einzufangen. Wenn du die Tauben freilässt, nachdem du sie zuvor eingefangen hast, macht diese freundliche Tat den Fehler nicht wieder gut.«

»Da hast du recht«, sagte [der Herrscher].

Liezi 8: »Explaining Conjunctions«;
siehe A. C. Graham, S. 178

Vergnügliches

Die folgenden Geschichten haben anektodenhaften Charakter. Sie sind amüsant und legen doch ein tiefes Verständnis des menschlichen Geistes und eine gelassene Ironie gegenüber Weisen und politischen Führern an den Tag.

Es war einmal ein Mann, dem seine Axt abhanden gekommen war; er verdächtigte den Nachbarsjungen. Der Mann beobachtete den Jungen dabei, wie er herumlief: Der hat die Axt gestohlen! Sein Ausdruck, seine Redeweise, sein ganzes Verhalten, alles an ihm verrät, dass er die Axt gestohlen hat.

Bald darauf grub der Mann seinen Garten um und fand dabei die Axt. Eines Tages sah er den Nachbarsjungen wieder, und nichts an seinem Verhalten ließ darauf schließen, dass er jemals eine Axt stehlen würde.

Liezi 8: »Explaining Conjunctions«;
siehe A. C. Graham, S. 180

Einst reiste Konfuzius in den Osten und sah dort zwei kleine Kinder, die sich stritten. Er fragte sie nach dem Grund für ihren Streit. Das eine Kind war der Meinung, dass die Sonne uns bei Sonnenaufgang näher ist, das andere, dass sie am Mittag näher wäre. Das erste Kind sagte:

»Wenn die Sonne aufgeht, dann ist sie so groß wie eine Wagenplane; am Mittag ist sie nur noch so groß wie ein Teller oder eine Schüssel. Meinst du nicht, dass sie uns dann näher ist, wenn sie groß ist, und nicht, wenn sie klein ist?«

Das andere Kind gab zur Antwort: »Wenn die Sonne aufgeht, ist die Luft kühl; am Mittag ist sie so heiß, als wenn man die Hand in heißes Wasser tauchen würde. Meinst du nicht, dass sie uns dann näher ist, wenn sie heiß ist, nicht, wenn sie kalt ist?«

Konfuzius konnte diese Frage nicht beantworten. Die beiden Kinder lachten: »Wer hat behauptet, dass du ein gelehrter Mann bist?«

Liezi 5: »The Questions of Tang«;
siehe A. C. Graham, S. 104–105

ALS HUIZI PREMIERMINISTER von Liang war, machte Zhuangzi sich auf den Weg, um ihn zu besuchen. Jemand sagte zu Huizi: »Zhuangzi kommt, weil er an deiner Stelle Premierminister werden will!« Und so war Huizi voller Sorge und suchte das ganze Land drei Tage und drei Nächte lang nach Zhuangzi ab. Dann kam Zhuangzi zu ihm und sagte: »Im Süden gibt es einen Vogel namens ›Yuanchu‹ – hast du jemals von ihm gehört? Der Yuanchu steigt hoch aus dem Südlichen Meer und fliegt zum Nordmeer, und er rastet nur auf dem Wutong-Baum, isst nur die Lian-Frucht und trinkt nur aus den Süßwasserquellen. Einmal hatte eine Eule eine halb verweste alte Ratte erwischt, und als der Yuanchu vorbeiflog, hob die Eule den Kopf, schaute zu ihm hoch und sagte: »Ksch, ksch …!«, um ihn zu vertreiben. Nun, da du den Staat Liang in deinen Fängen hast, wirst du jetzt versuchen mich zu vertreiben?«

Zhuangzi 17: »Autumn Floods«;
siehe B. Watson, S. 188–189

Zhuangzi und Huizi gingen am Damm des Hao-Flusses spazieren. Zhuangzi sagte: »Sieh doch, wie die Elritzen herauskommen und nach Herzenslust herumschnellen! Das macht Fischen wirklich Spaß!«

Huizi sagte: »Du bist kein Fisch, woher willst du wissen, was den Fischen gefällt?«

Zhuangzi antwortete: »Du bist nicht ich, woher also weißt du, dass ich nicht weiß, was den Fischen gefällt?«

Hiuizi erwiderte: »Ich bin nicht du, und so weiß ich sicherlich nicht, was du weißt. Doch andererseits bist du mit Sicherheit kein Fisch – und das beweist immer noch, dass du nicht weißt, was einem Fisch Spaß macht!«

Zhuangzi sagte: »Lass uns doch bitte auf deine ursprüngliche Frage zurückkommen. Du hast mich gefragt, woher ich weiß, was den Fischen Spaß macht – du wusstest also bereits, dass ich es weiß, als du mir diese Frage stelltest. Ich weiß es dadurch, dass ich hier am Hao stehe.«

Zhuangzi 17: »Autumn Floods«;
siehe B. Watson, S. 188–189

ZHUANGZI WAR EINST fischen am Fluss Pu, da kamen zwei Beamte des Königs von Chu zu ihm und überbrachten ihm eine Nachricht des Königs: »Ich würde dich gern mit der Verwaltung meines Königreiches betrauen.«

Zhuangzi hielt weiter seine Angelrute, und ohne den Kopf zu wenden sagte er: »Ich habe gehört, es gibt eine heilige Schildkröte in Chu, die schon seit dreitausend Jahren tot ist. Der König hat sie in Tuch eingewickelt und verpackt und im Tempel seiner Vorfahren aufbewahrt. Wäre diese Schildkröte nun lieber tot, die Knochen ehrenvoll aufbewahrt? Oder wäre sie lieber am Leben und schleifte ihr Hinterteil durch den Schlamm?«

»Ich wäre lieber am Leben, mit dem Hinterteil im Schlamm«, sagten die beiden Beamten.

Zhuangzi sagte: »Geht fort! Ich werde mein Hinterteil durch den Schlamm schleifen!«

Zhuangzi 17: »Autumn Floods«;
siehe B. Watson, S. 187–188

水

Erstaunliches

Wenn man bedenkt, dass das Liezi *im 3. Jahrhundert v. Chr. herausgegeben wurde, aber auch viel älteres Material enthält, ist es sehr überraschend, darin auch eine Geschichte über medizinische Praktiken zu finden, die um die zweitausend Jahre älter sind als die Geschichte der Medizin. Das* Liezi *berichtet über eine Herztransplantation, die sich phantastisch und völlig unglaubwürdig anhört. Sie beruht auf der chinesischen Vorstellung, dass ›mentale Funktionen ihren Sitz im Herz und nicht im Gehirn‹ haben (siehe A. C. Graham, S. 107). Hier nun die Geschichte, mit ein paar kleinen Änderungen.*

Herr Hu und Herr Ying wurden krank, und beide baten Doktor Pian, sie zu behandeln. Doktor Pian kam ihrer Bitte nach, und als sie beide genesen waren, sagte er zu ihnen:

»Ihr habt unter Krankheiten gelitten, die eure Organe von außen angegriffen haben, und natürlich können Medizin und (Akupunktur-)Nadeln solche Krankheiten heilen. Doch ihr leidet auch unter Krankheiten, die euch angeboren sind; und mit dem Wachstum eures Körpers wachsen auch diese Krankheiten; soll ich diese Krankheiten für euch behandeln?«

»Sag uns zunächst, warum du so denkst?«

»Dein Ehrgeiz ist größer als deine Energie«, sagte Doktor Pian zu Herrn Hu. »So kannst du Pläne schmieden, aber nur selten triffst du Entscheidungen. Herrn Yings Energie ist größer als sein Ehrgeiz. Und so denkt er selten weitblickend genug und bereitet sich Kummer, indem er unverantwortlich handelt. Wenn ich nun eure Herzen austausche, nutzt das euch beiden, denn Ehrgeiz und Energie kommen ins Gleichgewicht.«

[Die beiden Patienten erklärten sich damit einverstanden.]

Dann verabreichte Doktor Pian beiden Männern Wein, der mit Drogen versetzt war, und sie waren drei Tage lang ohne Bewusstsein. Er schnitt ihnen den Brustkorb auf, zog die Herzen heraus, tauschte sie aus, pflanzte sie wieder ein und gab ihnen eine Zauberarznei. Als sie aufwachten, ging es ihnen so gut wie zuvor.

Die beiden Männer wurden entlassen und gingen nach Hause. Herr Hu ging zu Herrn Yangs Haus, zu dessen Frau und Kindern, und sie erkannten ihn nicht. Herr Ying ging zu Herrn Hus Haus, zu dessen Frau und Kindern, und auch diese erkannten ihn nicht. Die beiden Familien begannen einen Rechtsstreit und riefen Doktor Pian herbei, damit er alles erklären konnte. Doktor Pian nannte die Gründe, und beide Parteien waren zufrieden.

Liezi 5: »The Questions of Tang«;
siehe A. C. Graham, S. 106–107

虚

Paradoxes

Für taoistische Schriften typisch, insbesondere für das Tao Te King, *ist die Verwendung von paradoxen Widersprüchen. Dies sollte wohl dazu dienen, den Leser zu schockieren und ihm einige Wahrheiten nahe zu bringen, so nachhaltig und überzeugend, wie es mit normaler Sprache nie möglich wäre. Paradoxien dürften die Vorläufer der berühmten Koan-Methode* (Gongan) *gewesen sein, welche die chinesischen Chan-(Zen-)Meister dazu benutzten, den Geist zu ›erschrecken‹ und wachzurütteln.*

Aus leer wird voll.
Aus alt wird neu.
Aus wenig wird viel.
Aus viel wird Qual.

Tao Te King 22

Überlegene Kraft (Tugend) ist keine Kraft.
Deshalb hat sie Kraft.
Unterlegene Kraft (Tugend) gibt ihre Kraft nicht auf.
Deshalb hat sie keine Kraft.

Tao Te King 38

GROSSE VOLLKOMMENHEIT ERSCHEINT unvollkommen
und [doch] wird sie nicht vergehen.
Große Fülle erscheint leer
und [doch] wird sie nicht zur Neige gehen.
Große Ehrlichkeit erscheint betrügerisch.
Große Geschicklichkeit erscheint ungeschickt.
Große Beredsamkeit scheint zu stottern.

Tao Te King 45

OHNE VOR DIE Tür zu gehen
[kann] man die Welt [unter dem Himmel] kennen lernen.
Ohne aus dem Fenster zu sehen
[kann] man die Wege des Himmels verfolgen.
Je weiter man sich entfernt,
desto weniger weiß man.

Tao Te King 47

SOBALD MAN GEBOREN ist, beginnt der Tod.

Tao Te King 50

DAS KLEINE WAHRZUNEHMEN ist Einsicht.
An der Schwäche festzuhalten ist Stärke.

Tao Te King 52

WER WEISS, SPRICHT nicht.
Wer spricht, weiß nicht.

Tao Te King 56

WER ALLZU LEICHT Versprechen gibt,
dem mangelt es sicherlich an Vertrauenswürdigkeit.
Wer meint, alles sei allzu einfach,
der wird sicherlich auf viele Schwierigkeiten stoßen.
Deshalb sieht der Weise die Dinge als schwierig an
Und trifft so nie auf Schwierigkeiten.

Tao Te King 63

Ein Baum, für dessen Umarmung viele Arme nötig sind,
wächst aus einem winzig kleinen Zweig heran.
Ein Turm mit neun Stockwerken
entsteht aus einem Haufen Dreck.
Eine Reise von tausend Li
beginnt unter deinem Fuß.

Tao Te King 64

Sehr einfach zu verstehen sind meine Worte und sehr einfach in die Tat umzusetzen.
Und doch kann niemand unter dem Himmel sie verstehen, und niemand kann sie in die Tat umsetzen.

Tao Te King 70

Das höchste Gut ist zu wissen, dass man nicht weiß.
Nicht zu wissen [aber zu behaupten] zu wissen, ist Leid.

Tao Te King 71

Wie ihr Gegenteil klingen wahre Worte.

Tao Te King 78

Wahre Worte sind nicht angenehm,
Angenehme Worte sind nicht wahr.
Gute Menschen streiten nicht.
Menschen, die streiten, sind nicht gut.
Wer weiß ist nicht gelehrsam.
Die Gelehrsamen wissen nichts.

Tao Te King 81

Einfach ist es, nicht zu gehen; schwierig ist es zu gehen, ohne den Boden zu berühren. Einfach ist es zu betrügen, wenn man für die Menschen arbeitet, doch schwierig ist es zu betrügen, wenn man für den Himmel arbeitet. Gehört hast du, dass man mit Flügeln fliegt, doch niemals hörtest du vom Fliegen ohne Flügel. Gehört hast du vom Wissen, das weiß, doch niemals hörtest du von unwissendem Wissen. Schau in diesen verschlossenen Raum, die leere Kammer, die die Helligkeit hervorbrachte! Glück und Segen versammeln sich dort, wo Stille herrscht.

Zhuangzi 4: »In the World of Men«;
siehe B. Watson, S. 58

Literaturverzeichnis

Ames, R.: *The Art of Rulership. A Study in Ancient Chinese Political Thought*, Honolulu 1983

Chen, Qifu (Hrsg.): *Ru-Dao-Fo Mingyan Cidian [Dictionary of Famous Quotations from Confucianism, Taoism and Buddhism]*. Zhengzhou (Henan, China) 1994

Graham, A. C., siehe *The Book of Lieh-tzu*

Kohn, L.: *Seven Steps to the Tao: Sima Chengzhen's Zuowanglun*. Monumenta Serica Monograph Series, Bd. 20, Nettetal (Deutschland) 1987a

Kohn, L.: ›The Teaching of Tianyinzi‹, in: *Journal of Chinese Religions*, 15, 1–28, 1987b

Kohn, L. (Hrsg.): *The Taoist Experience*. Albany 1993

Lopez, D. (Hrsg.): *Religions of China in Practice*. Princeton 1996

Major, J.: *Heaven and Earth in Early Han Thought. Chapters Three, Four and Five of the Huainanzi*. Albany 1993

Needham, J.: *Science and Civilization in China.* Bd. 2, Cambridge 1956

Robinet, I.: *Taoist Meditation*. Übers. von J. Pas und N. Girardot, Albany 1993

Tao Te King siehe *The Tao Te Ching*

The Book of Lieh-tzu. Übers. von A. C. Graham, 2. Aufl., New York 1960

The Tao Te Ching. Nicht veröffentlichte Übers. v. J. Pas, 1997

The Complete Works of Chuang Tzu. Übers. v. B. Watson, New York und London 1970

Watson, B., siehe *The Complete Works of Chuang Tzu*